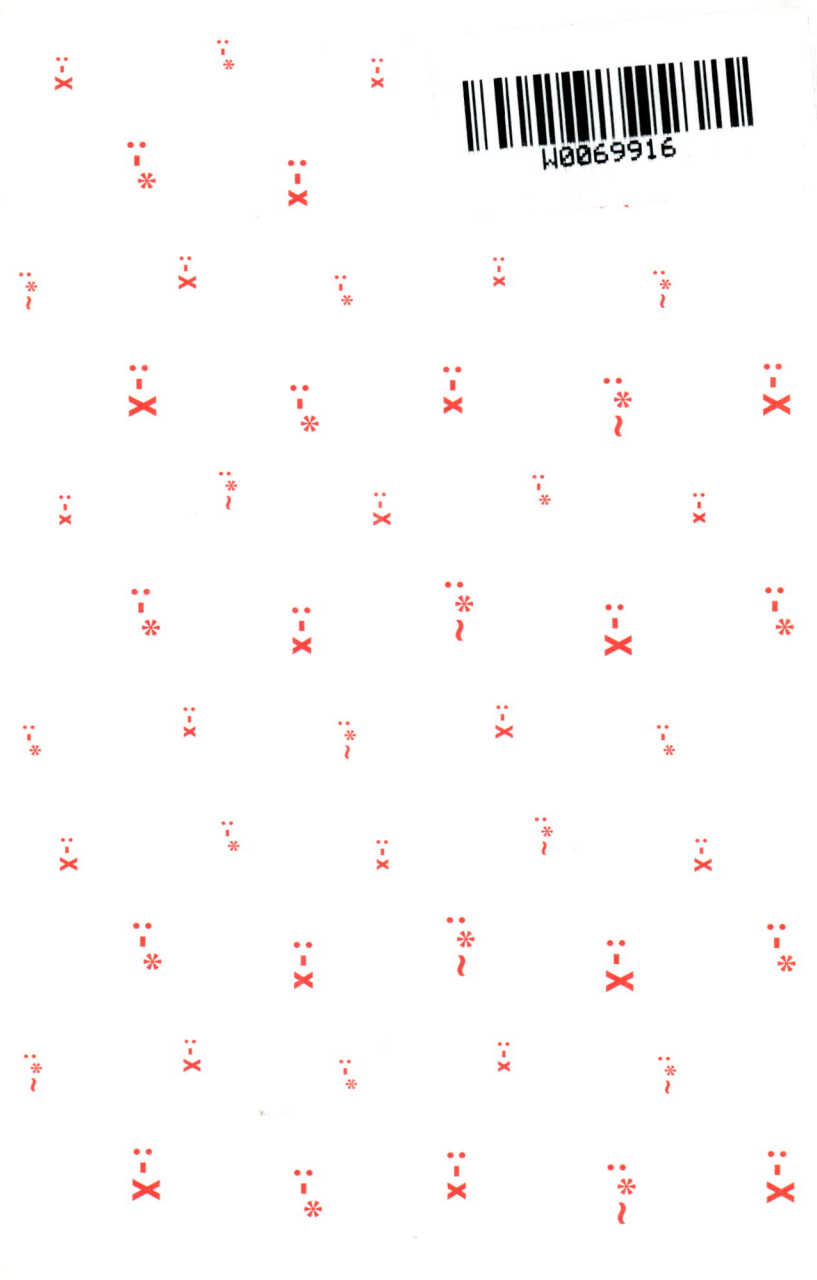

LANA CITRON
KUSSKUSS

LANA CITRON

KussKuss

Wirklich alles
über den Kuss

Aus dem Englischen
von Antoinette Gittinger

Die englische Originalausgabe erschien 2010
unter dem Titel *A compendium of kisses* bei
Beautiful Books Limited
36-38 Glasshouse Street
London W1B 5DL

1 2 3 4 5   15 14 13 12 11

ISBN 978-3-8363-0267-8
Alle Rechte der deutschen Ausgabe
© Sanssouci im Carl Hanser Verlag, München 2011
Einbandgestaltung: Hauptmann & Kompanie Werbeagentur, Zürich
Satz: Satz für Satz. Barbara Reischmann, Leutkirch
Druck und Bindung: GGP Media GmbH, Pößneck
Printed in Germany

INHALT

Vorwort   11

Am Anfang war das Wort ...   13

Ein Rätsel; Die Sprache der Liebe; Das Küssen in verschiedenen
Sprachen.

Teil I

Die Anatomie eines Kusses   21

Die physische Beschaffenheit eines Kusses; Die Instrumente des
Küssens; Zungenküsse oder französische Küsse; Lippenformen; An-
merkung: Ästhetik versus Funktionalität; Lippenethik; Lippenstifte
und ihre Farbtöne; Tätowierte Lippen; Der Lippenstift; Die Kussmaschine; Die physiologischen Wirkungen des Küssens; Die Chemie eines Kusses; Die Zusammensetzung eines Kusses; Der Duft
eines Kusses; Die Gestalt eines Kusses; Kuss-Abgüsse; Die Bedeutung eines Kusses; Das Geräusch eines Kusses; Kalorienverbrauch
beim Küssen; Der Geschmack eines Kusses; Atem; Bärte; Schniefna-
sen; Zahnheilkunde; Steife Oberlippen; Besser Lippen als Hände;
Asymmetrisches Küssen; Wie man küsst; Mund-zu-Mund-Beatmung; Virale Küsse; Kranke Küsse; Raubwanze oder Kissing Bug;
Tödliche Küsse; Aids; Nicht verzweifeln; Das Vermeiden von Kuss-
krankheiten; Der Kuss-Schild; Der Totenkuss; Addormentarsi nel
bacio del Signore; Grabsteinküsse.

Teil II
Das Wesen und die geographische Beschaffenheit
eines Kusses 59

Das Wesen eines Kusses · 60 · Universelle Küsse; Schnuppern und Küsse; »Nein, so was …«-Küsse; Küsse für Kartoffeln und Tabak; Seelenvolle Küsse; Vampirküsse; Das Verbot des Küssens; Öffentliche Zurschaustellung von Zuneigung.

Evolutionäre Küsse · 66 · Hühner- oder Ei-Küsse; Die Ungeküssten; Babel-Küsse; Nährende Küsse; Gierige Küsse; Freudsche Küsse; Oder vielleicht … Ein Freudscher Versprecher; Küsse auf zwei Füßen; Tierküsse; Affenliebe; Das Schmusen zwischen den Arten; Roboterküsse; Über Froschküsse; Die Entwicklungspsychologie des Küssens; Küsse zwischen besten Freunden; Venusküsse; Marsküsse; Postkoitale Küsse; Es begann mit einem Kuss; Küssen und Intimität; Kamasutra-Küsse; Kühle Küsse nach Alex Comfort; Küsse mit Hintergedanken; Küsse ohne Lippen; Liebe im alten Rom; Atemlos vom Küssen.

Bindungen erzeugende Küsse – vom herzlichen zum erotischen Kuss · 84 · »Na, na«-Küsse; Mütterliche Küsse; Väterliche Küsse; Familiäre Küsse; Der erste Kuss; Der Liebeskuss oder Kniezitterer; Leidenschaftliche Küsse; Andenkenküsse; Die Klage einer alten Jungfer; Geraubte Küsse; »Nein-heißt-Ja«-Küsse; »Ich-will«-Küsse oder »Der Ouvertüren-Kuss zur Liebesoper«.

Die Geographie des Küssens · 98 · In welchen Ländern öffentlich geküsst werden darf; Peitschenküsse; Kriminelle Küsse; Obszöne Küsse; Zuchthaus für Küsse; Küsse in der U-Bahn; Nicht-Küssen-Zone in England; Der Begrüßungskuss; Wangenküsse; Gehauchte Küsse; Zum Teufel mit dem Küssen; Abschied von »la bise«.

Der Brauch der Wangenküsse · 106 · Im Land der unbegrenzten Möglichkeiten (Amerika); Paneuropäische Küsse; Küsse im Mittleren Osten.

Die physische Geographie eines Kusses   109

Teil III
Die Geschichte des Kusses   III

Urzeitliche Küsse; Heidnische Küsse; Klassische Küsse; Küsse beim Götzendienst; Bestrafungsküsse; Biblische Küsse; Religiöse Küsse – Um der Liebe Gottes willen; Koschere Küsse; Hadsch-Küsse; Christliche Küsse; Reliquienküsse; Küssen des hl. Kreuzes; Bacciamano & Pescatorio-Küsse; Fußküsse und dergleichen …; Küssen des Staubs – Eroberung; Das Küssen der Füße des Papstes; Der Judaskuss; Friedensküsse; Kuss-Geld; Kusstafeln; Das Küssen von Leprakranken; Ketzerküsse; Hexenküsse; Kuss des Hinterteils; Abscheuliche Küsse; Fragwürdige Küsse; Küsse während der Reformation; Aussterbende Küsse; Platonische Küsse; Küsse nach der Art des Betrachters; Cor Blimey Guv'; Kontinentale Küsse; Poetische Küsse; Das Entstehen des Kuss-Vorbehalts; Ein Missbrauch der Lippen; Sprachveränderungen; Verkannte Küsse; Liebes-Tagebuch-Küsse; Historische

Küsse – Der Vollständigkeit halber; Unanständige und unziemliche Küsse; Gefängnis wegen des Küssens; Peitschenhiebe wegen des Küssens; Newton und sein Kussproblem; »Ein ernster Vorschlag der Damen – Küsse mit Absicht; Küsse für Personen niederen Rangs; Kanonküsse; Küsse für Stimmabgaben; Küsse als Zahlungsmittel; Die Küsse des Druckers; Lamourette-Küsse; O-ja-Küsse; Die Küsse des Kaisers – Grüße vom Schlachtfeld; Vom Schicksal bestimmte Küsse; Nicht erfolgte Küsse; Abscheuliche Küsse; Küss und sag's weiter; Bettgeflüster-Küsse; Der Kuss der Küsse; Marmorküsse; Kinematoskop-Küsse; Das Küssen von Büchern; Küsse vom Fließband; Mörderische Küsse; Schützengraben-Küsse; Telegraphische Küsse – Hallo … hallo …; Spionküsse – Ich habe dich im Visier; KZ-Küsse; Siegesküsse; Der fälschlich identifizierte Kuss; 007-Küsse; Ay-Caramba-Küsse; Arabische Küsse, bei denen man einen Kopf kürzer wird; Zerstörerische Küsse; Kommunistische Küsse; Kreml-Küsse; Kleinere Küsse zweifelhafter Art; Küss mich Töte mich.

Teil IV

Kulturelle Küsse   171

Küsse in der Kunst · 173 · Antike und klassische Kunst; Mittelalterliche Kunst; Verschmelzungsküsse oder 2-in-1; Gotische Kunst; Renaissance-Küsse – Das Gefühl der Wiedergeburt; Küsse im neoklassizistischen Stil – Wie das erste Mal, nur besser; Rokoko; Romantik; Präraffaeliten; Cherubküsse; Realistische Küsse – Nichts für schwache Nerven; Impressionistische Küsse – Da du nur eine Chance hast; »Ein Amerikaner in Paris«-Küsse; »Posieren für den Kuss«-Küsse – oder »Wenn Blicke töten könnten«; Postimpressionistische Küsse – mit Nachgeschmack; Abstrakte Küsse; Art-Nouveau-Küsse; Moderne; Expressionistische Küsse; Kubistische Küsse – scharfkantig; Surrealistische Küsse – Wow, you blew my mind (Songtext); Pop-Art-Küsse; Warhol-Küsse.

Literatur · 185 · Mythologie; Legendäre Liebespaare – der Stoff der Folklore; Dichtung; Folklore und Märchen; Historischer Roman; Moderner Roman; Kriminalromane; Liebesromane; Poesie.

Musik · 198 · Ein Kuss-Tanz; Ein Konzert von Küssen; Madonnas Küsse; Songs, zu denen man küssen kann; Ballettküsse; Opernküsse; Rockküsse; Musicalküsse; Klassische Küsse.

Filmküsse · 208 · Zensierte Küsse; Legendäre Filmküsse; Der längste Kuss; Todespaktküsse; Verzweifelte Küsse; Ehebrecherische Küsse; Gefühlskalte Küsse; Lolita-Küsse; Ein Kuss im Rückspiegel; Schabernack-Küsse; Schwule Küsse; Vendetta-Küsse; Ansteckende Parasitenküsse; Küsse in der Elm Street; Küsse im Waschsalon; Leichen-Küssen; Herausgeschnittene Küsse; Plagiierte Küsse; Nicht-Küsse.

Animierte Küsse · 221 · Spaghetti-Küsse; Küsse, die unter die Haut gehen.

Fernsehküsse · 222 · Fernsehküsse zwischen gemischtrassigen Paaren; Gleichgeschlechtliche Küsse.

Sportliche Küsse · 225 · Siegerküsse; Der Fluch des Kusses von Andy Granatelli; Er schießt ein Tor – Er küsst; Kussübung; Honduranische homophobische Küsse; Die Kussdiebin; Ein argentinisches Bussi; Küsse überall.

Kussspiele · 230 · Flaschendrehen; Kuss-Jagd – fang mich doch; Taschentuch fallen lassen; Postamt; Postman's Knock; Sieben Minuten im Himmel.

Kusstraditionen   234

Der Blarney-Stein; Küss mich auf der Kussbank; Küsse unterm Mistelzweig; Der Kuss-Pfosten; Neujahrsküsse; Valentinsküsse; Tag des Kusses.

Küsse als Wertschätzung   239

Einige wertvolle Küsse; Küsse der Nächstenliebe; Der Preis von Küssen; Der Preis eines Kusses; Die Kosten eines Kusses.

Kussstatistik   243

Scrabble-Küsse; Reigen der Küsse von VIPs; Küsse, die den Weltrekord brachen.

Das perfekte Kussrezept   246

Danksagung   247

VORWORT

Ich möchte mich posthum bei Voltaire entschuldigen, dessen Vorwort zu seinem *Philosophischen Wörterbuch* ich für meine eigenen Zwecke verwendet habe. Der Grund war nicht Faulheit, aber wenn es um Vorworte geht, ist seins die Quintessenz. Mit ihm bringt er den Leser aus dem Konzept, noch bevor er bei Seite eins angelangt ist. Ich verbeuge mich vor seinem geistreichen Charme und würde seine Schreibfeder küssen ob der Gesinnung, der er dort so mutig Ausdruck verleiht. Als ich dieses Vorwort las, dachte ich, ich sei über einen heiligen Text gestolpert, und der machte mich neugierig … überdies brachte er mich zum Lachen. Natürlich ist *KussKuss* kein philosophisches Werk, aber Voltaires Anleitungen, wie man sein Wörterbuch lesen und verstehen soll, stimmen genau überein mit meinen Vorstellungen, wie mein Buch die größte Freude bereiten könnte.

Voltaire gab folgende Einleitung

»Dieses Buch erfordert kein kontinuierliches Lesen; aber an welcher Stelle auch immer man es öffnet, wird man etwas finden, was zum Überlegen anregt. Die nützlichsten Bücher sind solche, die der Leser zur Hälfte selbst verfasst; er erweitert die Gedanken über den Kern, der ihm hier präsentiert wird, hinaus; er korrigiert, was ihm fehlerhaft erscheint, und er stärkt das, was ihm schwach erscheint.

Nur von aufgeklärten Menschen kann dieses Buch gelesen werden; ~~der durchschnittliche Mensch~~ *der herzlose Mensch* ist nicht für solch ein Wissen geschaffen; ~~die Philosophie~~ *die Philematologie (die Kunst oder die Wissenschaft des Küssens)* wird nie sein Feld sein. Diejenigen, die sagen, es gebe Wahrheiten, die vor den ~~Menschen~~ *Gefühllosen* verborgen werden müssen, brauchen nicht beunruhigt zu sein; die ~~Menschen~~ *Verhärteten* lesen nicht; sie arbeiten sechs Tage die Woche, und am siebten gehen sie ins Wirtshaus. Mit einem Wort, ~~philosophische~~ *philematologische* Werke sind nur für ~~Philosophen~~ *Philematologen (die, die das Küssen studieren)* geschrieben, und jeder offene Mensch sollte versuchen, ein ~~Philosoph~~ *Philematologe* zu sein, ohne sich dessen zu rühmen.

Dieses ~~Alphabet~~ *Kompendium* hat sich der schätzenswertesten Werke bedient, die gewöhnlich nicht vielen zugänglich sind; und wenn ~~der Autor~~ *die Autorin* nicht immer die Quellen ~~seiner~~ *ihrer* Information nennt, wie es den Studierten nur allzu bekannt ist, sollte ~~er~~ *sie* ~~nicht verdächtigt werden, dass er die Anerkennung für anderer Menschen Arbeit für sich in Anspruch zu nehmen sucht~~ *nicht des Plagiats beschuldigt werden*, da ~~er selbst~~ *sie selbst* die Anonymität wahrt, gemäß dem Spruch aus dem Evangelium: ›Wenn du Almosen gibst, soll deine linke Hand nicht wissen, was deine rechte tut.‹
Matthäus 6,1–3«

AM ANFANG
WAR DAS WORT ...

Ein Rätsel

:-*

Ich bin nur zwei und zwei, ich bin warm, ich bin kalt
Und die Quelle von so vielen, ohne Zahl;
Ich bin erlaubt, unerlaubt, – eine Pflicht, eine Schuld:
Oft werd ich teuer verkauft und bin doch unnütz, wenn gekauft;
Eine außerordentliche Wohltat und eine Selbstverständlichkeit
mit Vergnügen gegeben, wenn geraubt.

von Cowper[1]

Die Sprache der Liebe

:-x

Kuss: der, -es, Küsse [mhd., ahd. *Kus*, rückgeb. aus ↑ küssen]: *[sanft]*
drückende Berührung mit den [leicht gespitzten, leicht geöffneten] Lippen

---

1 Obiges Rätsel wurde ursprünglich veröffentlicht im *Gentleman's* Magazine. Zitiert
nach: C. C. Bombaugh, *The Literature of Kissing*, Philadelphia 1876, S. 373. Ein Korrespondent antwortete folgendermaßen:
Ein Rätsel von Cowper
Ließ mich fluchen wie ein Kutscher;
Doch meine Wut, ach! Die verflog,
als ich mich erinnerte der Wonne,
die mir verschaffte der Schönen Kuss,
nun sehn' ich mich nach weiteren Rätseln.

(als Zeichen der Zuneigung od. Verehrung, zur Begrüßung o. Ä.):
ein zarter, inniger, herzlicher, heißer, langer, leidenschaftlicher K.;
sie gab ihm einen K. [auf den Mund, auf die Stirn]; jmdm. einen K.
aufdrücken; er raubte ihr einen K. (scherzh. veraltend; *küsste sie gegen
ihren Willen*); Küsse tauschen; sie bedeckte sein Gesicht mit Küssen;
die beiden Politiker begrüßten sich mit einem K. auf die Wange;
nach einem kurzen Rundgang in der Abendfrische verabschiedete
sie ihn … mit einem lustlos gegebenen K. (Kühn, Zeit 81); Gruß u. K.
[dein Julius] (*scherzh.; Schlussformel in Briefen od. beim Abschied*).[2]

Küs|sen: <sw.V.; hat> [mhd. küssen, ahd. küssen, urspr. lautm.]:
jmdm. einen od. mehrere Küsse geben: jmdn. stürmisch, leidenschaftlich, herzlich, zärtlich, flüchtig k.; sie küsste ihn auf den Mund, auf
die Schulter; er küsste ihr die Hand, die Wange; sie küssten sich/
(geh.:) einander lange; sich nicht k. lassen; da ließ sie sich halt k. für
das Kettchen (Sommer, Und keiner 321); sie antwortete ihm, indem
sie seine Wange küsste (Wellershoff, Körper 323); den Ring des Papstes k.; gut, gern k.; noch nie geküsst haben; Ü die Frühlingssonne
küsste die Flur; Schon drängte sich aus mancher Knospe ein süßes
Rot und Rosa und Weiß hervor und küsste das Licht (Werfel, Himmel 108).[3]

Küs|ser: jemand, der küsst.

Os|ku|la|ti|on: *die*; -, -en <*lat.*; »das Küssen«>: (Math.) Berührung
zweier Kurven.[4]

---

2 Duden, *Das große Wörterbuch der deutschen Sprache in zehn Bänden*, Mannheim 1999,
S. 2325.
3 Ebenda.
4 Duden, *Das Fremdwörterbuch*, Mannheim 2006, S. 742.

»Wenn Sie also das nächste Mal küssen, denken Sie daran, ein Kuss ist nicht einfach ein Kuss, er ist eine Art psychologischer Zwang. Ein Seufzer jedoch ist einfach ein Seufzer.«
A kiss is never just a kiss, Morning Edition, National Public Radio, 26. Januar 1993.

Philematologie: die Wissenschaft des Küssens
Philematologe: Kussforscher

KÜSSEN/KUSS: WORTHERKUNFT   Das altgerm. Verb mhd. *küssen,* ahd. *kussen,* niederl. *kussen,* engl. *to kiss,* schwed. *kyssa* ist lautmalenden Ursprungs. Es geht mit den [elementar] verwandten Verben got. *kukjan* »küssen« und z.B. griech. *kyneīn* »küssen«, hethit. *kuuaši* »küsst« auf ein den Laut des Lippenkusses nachahmendes **ku-* zurück. Eine alte Rückbildung aus dem Verb ist Kuss (mhd., ahd. *kus,* niederl. *kus,* engl. *kiss,* schwed. *kyss*). Die Sitte des Küssens geht wahrscheinlich von der Vorstellung aus, dass bei der Berührung der Lippen oder Nasen ein Austausch der im Atem gedachten Hauchseelen stattfindet. Älter als der Lippenkuss ist allem Anschein nach der Nasen- oder Schnüffelkuss, der bei einigen Völkerschaften noch heute üblich ist. Beachte dazu z.B. aind. *ghrā* »riechen, schnüffeln« und »küssen«.[5]

---

5 Duden, *Das Herkunftswörterbuch. Etymologie der deutschen Sprache,* Mannheim 2006, S. 463.

MORSEZEICHEN

BRAILLE

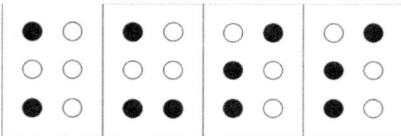

ZEICHENSPRACHE

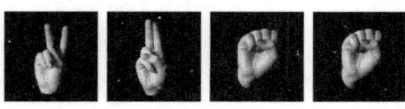

SMS – T9 – KUSS
Nummerischer Wert: 5877

EMOTICONS FÜR KUSS
:-* Kuss
:-X dicker Kuss
:-x Küsschen
:pq: Zungenkuss *oder*
:*~ Zungenkuss

URSPRÜNGE DER VERWENDUNG DES X FÜR EINEN KUSS   Der Gebrauch des Buchstabens X als Symbol der Zuneigung kann bis zu jener Zeit zurückverfolgt werden, als Analphabeten Verträge mit einem X anstelle einer Unterschrift unterzeichneten. Dies geschah vor Zeugen, und um die Aufrichtigkeit zu unterstreichen, wurde das X anschließend mit einem Kuss versehen. Andere wiederum glauben, dass das X, der 22. Buchstabe des griechischen Alphabets oder das Chi-Symbol, Christus oder den ersten Buchstaben seines Namens repräsentiert und eine Variante des christlichen Kreuzes darstellt. Das X war außerdem in der Paleo-Hebräischen Handschrift der Buchstabe Tav und ein Symbol für das Siegel Hashems (Gottes). Es repräsentierte Wahrheit, Vollständigkeit und Perfektion. In seiner Arbeit über die Geschichte des Sex führt Rabbi Brasch das X-Symbol für einen Kuss auf das Zeichen für zwei küssende Münder >-< zurück. Im Laufe der Zeit wurde das X, das außerdem lautmalend ist, zum universellen Symbol für den Kuss.

S.W.A.L.K.   S.W.A.L.K. ist ein Akronym, das man typischerweise in englischsprachigen Ländern auf den Briefen von Liebenden findet. Es bedeutet »mit einem liebenden Kuss besiegelt« (Sealed With A Loving Kiss) und ist eins von vielen Akronymen, die anscheinend im Zweiten Weltkrieg entstanden. Eine Variante ist S.W.A.K., »mit einem Kuss besiegelt« (Sealed With A Kiss). Fälschlicherweise wird manchmal angenommen, S.W.A.L.K. stehe für »Soldiers Will Always Love (the) King« [Soldaten werden allzeit (den) König lieben].

SYNONYME FÜR KUSS UND KÜSSEN   Kuss, Küsschen, Küsslein, Schmatz, Bussi, Wangenkuss, Handkuss, Luftkuss, Freundschaftskuss, Bruderkuss, Todeskuss, Abschiedskuss, Judaskuss, Kuss auf die Stirn, Zungenkuss, Schmerzkuss, Riechgruß, Seelenkuss, französischer Kuss, Liebesbiss, Lippenkuss, Dauerbrenner; Küssen, abküssen, abschmatzen, busseln, bützen, abschlecken, schmusen, knutschen, einen Kuss hauchen, nippen, jmdm. mit einem Kuss den Mund verschließen, schmusen, schnäbeln, jmdm. die Zunge in den Hals stecken.

Das Küssen in verschiedenen Sprachen

:-X

Arabisch *Kuss, der*

تَقْبيِل, حافَّالات, قبلة

küssen

بوس،ه, قبْ‫لَ, يُقَبِّلَ

Chinesisch *Kuss, der*

吻

küssen

吻，接吻

Englisch *Kuss, der*

kiss

küssen

kiss

Kroatisch *Kuss, der*

ljubljenje, poljubac

küssen

poljubiti

Tschechisch *Kuss, der*

polibek, pusa, pusinka

küssen

hubičkovat, líbat, políbit

Dänisch *Kuss, der*

kysse

küssen

kys

Niederländisch *Kuss, der*

buis, haringbuis, kukkel, kus, kusje, lik, smak, smok, zoen

küssen

aflebberen, aflikken, elkaar kussen, elkaar zoenen, kussen, zoenen

Estisch *Kuss, der*

suudlus

küssen

armastama, armatsema, suudlema, suudlus

Französisch *Kuss, der*

baiser, bise, bisou

küssen

baiser, donner un baiser, embrasser, s'embrasser

Ungarisch *Kuss, der*

csók

küssen

csókol, csókolózik

Isländisch *Kuss, der*

koss

küssen

kyssa

Indonesisch *Kuss, der*

ciuman

küssen

mencium

Italienisch *Kuss, der*

bacetto, bacino, bacio,
spazzolata
küssen
baciare, lambire, sbaciucchiare
Lettisch *Kuss, der*
skúpsts
küssen
skúpstít, skúpstíties
Litauisch *Kuss, der*
bucinys
küssen
buciuoti, buciuotis
Norwegisch *Kuss, der*
kyss
küssen
kysse
Polnisch *Kuss, der*
pocałunek
küssen
całowac
Portugiesisch *Kuss, der*
beijo
küssen
beijar
Rumänisch *Kuss, der*
gurã, sãrut, sãrutare
küssen
pupa, a sãruta
Serbisch *Kuss, der*
celov, lxublxenxe, poljubac,

küssen
celivati, poljubiti,
Slowakisch *Kuss, der*
bozk
küssen
pobozka
Slowenisch *Kuss, der*
poljub
küssen
poljubiti, poljubljati se
Spanisch *Kuss, der*
besito, beso, buz, ósculo, roce
küssen
besar, besarse
Finnisch *Kuss, der*
pusu, suudelma, suukko
küssen
suudella
Schwedisch *Kuss, der*
flyktig kyss, kyss, lätt kyss
küssen
kyssa, småhångla
Türkisch *Kuss, der*
buse, öpme, öpücük, öpüş
küssen
öpmek, öpüsmek
Vietnamesisch *Kuss, der*
hôn, nu hôn
küssen
hôn

I

DIE ANATOMIE
EINES KUSSES

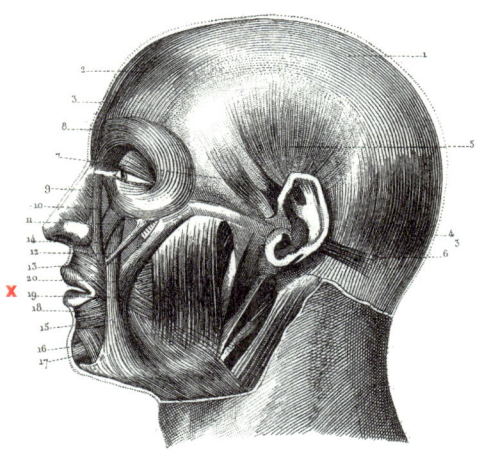

Der Kuss ist eine äußerst trügerische Geste. Mag sie auch noch so simpel erscheinen, so handelt es sich doch um eine höchst komplexe Handlung. Tatsächlich kann ein Kuss, abhängig davon, wie groß die Leidenschaft ist, eine Fülle von emotionalen, sinnlichen und körperlichen Reaktionen auslösen, von der Berührung der Lippen bis zur Pupillenerweiterung und zum Herzklopfen. Es kann zu Hitzewallungen kommen oder gar ein erotisches Kribbeln zu spüren sein. Welch andere Geste bezieht alle Sinne ein: Tasten, Schmecken, Riechen, Sehen und Hören? Drückt man seine Lippen auf die eines anderen Menschen, kann im Extremfall jeder Muskel des Körpers zum Einsatz kommen, von den Mund- bis zu allen Gesichtsmuskeln, den Muskeln des Nackens, des Rückens, der Schultern und der Arme, in denen man einander hält, und der Beine, die einander umschlingen.

Die physische Beschaffenheit eines Kusses

: * ~

Die Menschheit hat 2000 Jahre gebraucht, um die Anatomie eines »Kusses« zu erforschen, die sonst als die »anatomische Gegenüberstellung von zwei *Musculi orbicularis oris* in kontrahiertem Zustand«[6] definiert wurde. Der wissenschaftliche Begriff, »Oskulation« (lat., das Küssen, das Anschmiegen) leitet sich vom Lateinischen *osculum*, »Mund« oder »Kuss«, ab.

In den frühen 1990er Jahren fand ein Team von Wissenschaftlern am University College London unter der Leitung von Professor Gus McGrouther heraus, dass es, um das Gesicht in Falten zu legen, aller 34 Gesichtsmuskeln sowie 112 posturaler Muskeln der unteren Mus-

---

6 Dr. Henry Gibbons

kelschicht bedarf, die sich ähnlich wie bei einem Beutel, der mit einer Kordel geschlossen wird, zusammenziehen.

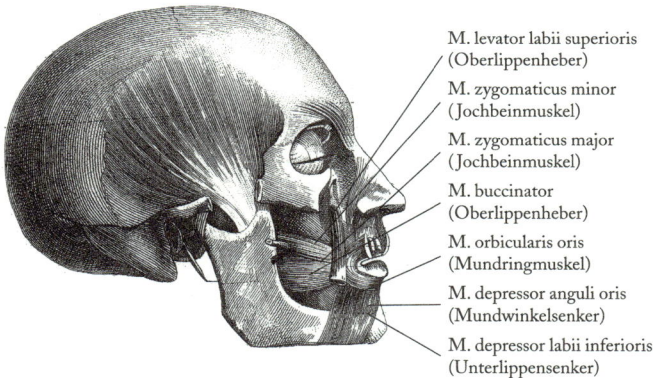

M. levator labii superioris
(Oberlippenheber)

M. zygomaticus minor
(Jochbeinmuskel)

M. zygomaticus major
(Jochbeinmuskel)

M. buccinator
(Oberlippenheber)

M. orbicularis oris
(Mundringmuskel)

M. depressor anguli oris
(Mundwinkelsenker)

M. depressor labii inferioris
(Unterlippensenker)

Die Instrumente des Küssens

:-x

Wie kam es dazu, dass ihre Lippen sich berührten?
Victor Hugo

DIE LIPPEN Die *Orbicularis-oris*-Muskeln (Mundringmuskeln) oder Lippen bestehen aus Muskelfasern, die mit elastischem Gewebe durchsetzt und reichlich mit Nerven versehen sind. Strukturell befindet sich die Lippenhaut zwischen der feuchten Mundschleimhaut und der Körperhaut. So gehören die Lippen zu den empfindlichsten Bereichen des Körpers.

Für das Anheben der Oberlippe sorgen der Jochbeinmuskel *(M. zy-*

gomaticus minor und *M. zygomaticus major)* und der Oberlippenheber *(M. levator labii superioris).* Die Unterlippe und die Mundwinkel werden vom Unterlippensenker *(M. depressor labii inferioris)* und vom Mundwinkelsenker *(M. depressor anguli oris)* nach unten gezogen.

DIE ZUNGE Ein Kuss mit offenem Mund, bei dem auch die Zunge ins Spiel kommt, erhöht die Intensität der Kusserfahrung. Ähnlich wie die Lippen ist die Zunge voller Tast- und Geschmacksrezeptoren. Die miteinander verflochtenen Muskeln *M. genioglossus, M. styloglossus, M. palatoglossus* und *M. hyoglossus* sind nötig, um dieses vielseitige und flexible Organ zu bewegen. Die Zunge hat einen großen Bewegungsspielraum – man kann sie verkürzen, länger machen, verdrehen und in viele verschiedene Richtungen bewegen.

Aus kultureller Sicht versteckt man die Zunge am besten. Eine herausgestreckte Zunge wird als Beleidigung verstanden. Wenn sie vorn auf die Lippen gelegt wird, gilt dies als laszive Anmache, und das Lecken der Lippen ist ein Zeichen der erregten Vorfreude.

SPEICHEL Die Speichelflüssigkeit befeuchtet die Mundhöhle. Sie ist voller mikroskopischer Bakterien (einzellige Organismen), die aus der Luft, dem Essen und von schmutzigen Händen stammen. Man schätzt, dass bei jedem Kuss zwischen 10 Millionen und einer Milliarde Kolonien (Gruppen von Bakterien) ausgetauscht werden. Beruhigenderweise enthält der Speichel auch antibakterielle Chemikalien, die die meisten Bakterien töten, bevor die Krankheitserreger bei einem Kuss übertragen werden.

BABY-KÜSSE Ein menschlicher Embryo hat, wenn er sechs Wochen alt und nur etwas mehr als einen Zentimeter groß ist, eindeutig einen Mund, Lippen sowie einen Ober- und einen Unterkiefer. Ungefähr in diesem Stadium bilden sich die Zunge und die Stimmbänder aus. Im dritten Monat ist der Fötus in der Lage, den Mund zu öffnen und zu schließen und die Lippen zusammenzupressen.

Zungenküsse oder französische Küsse

:-*

Leidenschaftliche Zungenküsse mit offenem Mund haben sich nie an Grenzen, Raum oder Zeit gehalten. Die Bezeichnung dieses Kusses als Französischer Kuss – wobei das Wort »Französisch« in Großbritannien die verschiedensten sexuellen Beiklänge hat –, soll auf den Höhepunkt der anglo-französischen Feindschaft von 1730 bis 1820 zurückgehen. Als Beispiele für die Anspielungen (obwohl viele heute nicht mehr gebräuchlich sind) seien hier folgende genannt: unter *Französischunterricht* werden die Dienste einer Prostituierten verstanden, *französische Drucke* stehen für pornographische Drucke, und »französisiert« bedeutet, dass man die Syphilis hat.

Später wurde der Begriff »Französische Revolution« von der US-amerikanischen Schwulenbewegung übernommen. *French Letter* (dt. »Pariser«) wurde als Euphemismus für ein Kondom verwendet, das die Franzosen ihrerseits als *Capote Anglaise* (englischer Mantel) bezeichnen.[7]

Ein möglicher Vorgänger des Begriffs »Zungenkuss« ist die *Maraîchinage,* die von den Bewohnern des Marais breton in der Bretagne populär gemacht wurde. Die Maraîchins praktizierten einen tiefen Zungenkuss, bei dem die Partner den Mund des anderen in einer Art Zungenkampf, ähnlich der genitalen Penetration, erforschten.

---

7 Brigid McConville und John Shearlaw, *The Slanguage of Sex*, London 1984.

»Ein Weib ... mit Lippen,
an denen man nicht satt sich küssen kann.«
Ben Jonson

Lippenformen

:-x

Die ideale Lippenform ist eine Frage der Zeit und des Geschmacks. Die jeweilige Idealvorstellung folgt sozio-kulturellen Konventionen und sozio-ökonomischen Faktoren. Das wird nur allzu deutlich, wenn man einen Blick auf die Stars der Filmindustrie wirft, deren Lippenformen diktieren, was aktuell en vogue ist.

In den Tagen der Schwarz-Weiß-Filme, einer Zeit der Prohibition und Rebellion, waren Amorbogen-Lippen, wie sie Clara Bow hatte, sowie die Vamp-Lippen von Theda Bara und der »Bienenstich« modern, wie der Schmollmund von Mae Murray in den USA genannt wurde. In den anschließenden Kriegsjahren – Zeiten der Entbehrungen, aber auch der aufkeimenden weiblichen Unabhängigkeit, galten die schmalen Lippen von Greta Garbo und Marlene Dietrich als sinnlich. In den 1940er Jahren folgten die vollen symmetrischen Bögen, wie sie bei Rita Hayworth, Joan Crawford, Bette Davis und Katherine Hepburn zu sehen waren.

Die Nachkriegszeit war der Beginn eines feminineren und aufreizenderen Looks: Man denke nur an Marilyn Monroe, deren volle Lippen die Vorgänger des provokativeren Schmollmunds von Brigitte Bardot waren, dem vollendeten Symbol der sexuellen Freiheit der 1960er Jahre. Als die weibliche Emanzipation an Boden gewann, gab es neben der offener zur Schau gestellten weiblichen Sexualität aber auch die schöne Audrey Hepburn mit ihren knabenhaften Lippen, die schon den androgynen Look der 1990er Jahre vorwegnahmen.

Heutzutage ist erlaubt, was gefällt. Es gibt keine vorherrschende Stilrichtung, obwohl der vornehme Schmollmund von Frauen wie Béatrice Dalle, Julia Roberts und Angelina Jolie unangefochten en vogue ist. Der Grat zwischen dem, was als attraktiv angesehen wird und was nicht, ist jedoch sehr schmal. Mick Jaggers Lippen gelten als sexuell potent. Demgegenüber werden die des britischen Politikers Michael Portillo häufig als zu feucht oder wulstig beschrieben.

Anmerkung:
Ästhetik versus Funktionalität

:-X

Auch wenn es für »Paris Lips« und »Bienenstich-Lippen« nur ein Kollagen-Implantat moderaten Preises bedarf, verändert eine Operation maßgeblich die Empfindsamkeit der Lippen. Man beachte auch, dass der Schmollmund, aufgespritzte Lippen, in letzter Zeit unbestreitbar aus der Mode gekommen ist.

Lippenethik

:*~

Obwohl das Schminken der Lippen nicht immer gesellschaftsfähig war, wird es seit Menschengedenken praktiziert. Weit davon entfernt, eine frivole Praxis der Verschönerung zu sein, wurde das Schminken dazu genutzt, unter anderem den Status, die Klasse, den Beruf

(Clowns, Schauspielerinnen und Prostituierte[8]) anzuzeigen, oder aber es diente als politischer Akt der Missachtung.

In der Kultur des Westens verurteilte die Kirche das Schminken der Lippen als eine Veränderung des kostbarsten Geschenks Gottes. 1770 verabschiedete das englische Parlament ein Gesetz, nach dem die Ehe von Frauen, die Männer durch das Schminken von Mund und Wangen zur Heirat verführten, annulliert und die Frauen der Hexerei beschuldigt werden konnten. Im einzelnen besagte dieses Gesetz:

> »Sollte eine Frau, gleich welchen Alters, Ranges, Berufs oder Standes, ob Jungfrau, Dienstmagd oder Witwe, nach Erlass dieses Gesetzes einen der Untertanen seiner Majestät zur Ehe zwingen, verführen und verleiten, indem sie Düfte, Farben, kosmetische Waschungen, künstliche Zähne, falsches Haar, Intimrasur, Eisenstäbe, Reifen, hochhackige Schuhe oder Hüftpolster verwendet, wird sie die ganze Härte des Gesetzes gegen Hexerei und ähnliche Vergehen treffen, und ihre Ehe soll nach dem Schuldspruch für null und nichtig erklärt werden.«[9]

Im frühen 20. Jahrhundert gebrauchten die Frauenrechtlerinnen den Lippenstift als Zeichen der Emanzipation. Vorkämpferinnen wie Elizabeth Cady Stanton und Charlotte Perkins Gilman befürworteten das Tragen von Lippenstift als Sinnbild für die Emanzipation der Frauen und führten 1912 seinen Gebrauch bei der New Yorker Massenversammlung der Frauenrechtlerinnen ein, wobei sie einen ganz

---

8 Nach altem griechischen Recht konnten Prostituierte, die entweder zur falschen Stunde oder ohne die ihnen zugewiesene Lippenfarbe und anderes Make-up in der Öffentlichkeit erschienen, bestraft werden, weil sie ungehörigerweise als Damen auftraten.

9 Richard Corson, *Fashions in Makeup from Ancient to Modern Times* (2003).

bestimmten Rotton wählten. »In Amerika und in England schminkten sich Frauen mit der ausdrücklichen Absicht, bei Männern Entsetzen zu provozieren, in der Öffentlichkeit die Lippen. Die langwährende Ächtung des Lippenstifts durch männliche Autoritäten in der Gesellschaft, Kirche und im Rechtswesen machte ihn zu einem willkommenen Symbol für die weibliche Rebellion.«[10]

Lippenstifte und ihre Farbtöne

:-*

Zu den Zutaten zum Tönen der Lippen gehörten Bleiweiß, zerstoßene Steine, roter Ocker, Färberröte, Pflanzenfarben, Wein, Schafsschweiß, menschlicher Speichel, Krokodilexkremente, Bärenfett, Quecksilber- und Arsen-Pomatum, Wachs, Ochsenmark, Wurzel der Gemeinen Ochsenzunge, Brandy, Zinnoberrot (farbiges Quecksilbersulfid), Eberschmalz, Walrat, Mandelöl, Balsam, Rosinen, Zucker, Karmin, Erdbeersaft, Rote-Bete-Saft, Malve, Kohlenteer und Blattgold.[11] Die alten Minoer verwendeten ein purpurrotes Pigment aus der Drüse der Purpurschnecke; Elizabeth I. gebrauchte eine Mischung aus Koschinelle, Gummi arabicum, Eiweiß und Feigenmilch.

---

10 Sarah Schaffer, *Reading Our Lips: The History of Lipstick Regulation in Western Seats of Power*, Class of 2006.
11 Ebenda.

Tätowierte Lippen – *Auf ewig dein*

:-X

Eine extremere Methode des Schminkens von Lippen war das Tätowieren. George Burchett (1872–1953), bekannt als The Beauty Doctor, war über 50 Jahre Londons führender Tätowierer. Zu seinen Kunden zählten Schauspielerinnen, Ärzte, Richter, ein Bischof und allerlei Angehörige des Königshauses – darunter König Georg V. von England und der verstorbene König Friedrich von Dänemark. Burchett perfektionierte die Technik, rotes Färbemittel in die Schmolllippen von jungen Starlets einzutätowieren. »Dummerweise ging die Sache nach hinten los (wenn die aufstrebende Schauspielerin es tatsächlich nach Hollywood schaffte), denn der orthochromatische Film, der für jede Farbe außer Rot empfindlich ist, hatte die böse Angewohnheit, ihre Lippen schwarz darzustellen.«[12]

Der Lippenstift

:-X

… oder der »Stift der Liebe«, wie die Schauspielerin Sarah Bernhardt ihn nannte, wurde offiziell 1883 geboren. Parfumhersteller aus Paris stellten einen in Papier gewickelten Lippenstift aus Talg, Wachs und gefärbtem Rizinusöl vor und präsentierten ihn auf der Weltausstellung in Amsterdam. Das Papier musste bei jedem Gebrauch in Streifen abgezogen werden. 1915 fand Maurice Levy von der Scovil Manufacturing Co. in Connecticut heraus, dass er die beliebten Lippenstifte in Massen produzieren und vertreiben konnte,

---

12 Lindy Woodhead, »Stars with Scars«, in: *The Spectator*, 22. Juli 2006.

indem er sie zum Schutz in Metallröhrchen verpackte, aus denen man den Stift herausdrückte. Die ersten drehbaren Lippenstifte ließ sich James Bruce Mason jr. 1923 patentieren. Das Gehäuse hatte einen dekorativen Schraubenkopf, der zum Gebrauch des Lippenstifts gedreht wurde. 1930 schuf Max Factor den Lip Gloss, der den Lippen der Schauspielerinnen ein feuchtes Aussehen verlieh.

Die Kussmaschine

:*~

1939 schuf Max Factor jr. »Die Kussmaschine« oder »Den Mechanischen Küsser«, um die Haltbarkeit von Lippenstiften zu testen, da die Arbeiter, die man zuvor für diese Arbeit eingestellt hatte, die Küsserei bald leid waren. Stattdessen wurden Gummiabdrücke von ihren Lippen genommen und an einen Druckprüfer angeschlossen. Anhand von Seidenpapier, das zwischen zwei Gummimündern lag, konnte berechnet werden, nach wie vielen »Küssen« der Lippenstift abgenutzt war.[13]

Die physiologischen Wirkungen des Küssens

:-*

Ein Kuss kann eine Kaskade an Chemikalien und neuronalen Botschaften auslösen, die taktile Empfindungen, sexuelle Erregung und sogar elektrische Spannung übermitteln (wenn auch nur bei besonders glücklichen oder empfindsamen Menschen). Von den zwölf bis drei-

---

13 Jane Garcia, »Factoring in Beauty – A Hollywood Museum Celebrates the Artistry of a Cosmetics Kin«, in: *LA Times*, 22. September 1991.

zehn Hirnnerven, die die Gehirntätigkeit betreffen, sind beim Küssen *fünf* aktiv. Informationen über Temperatur, Geschmack, Geruch und die physikalischen Bewegungen des Kusses werden an einen Teil der Großhirnrinde, den sogenannten somatosensorischen Kortex, gesandt. Dieser Kortex stellt alle haptischen Informationen auf einer Art sensorischer Landkarte dar. Auf dieser Karte nehmen die Lippen im Vergleich zu ihrer tatsächlichen Größe unverhältnismäßig viel Raum ein. Das hängt damit zusammen, dass die Größe jeder dargestellten Körperregion im Verhältnis zur Dichte der Nervenenden steht.

**Lippenstift-Kuss-Tester
vernichtet netten Arbeitsplatz**

Damit der Lippenstift nicht abgeht, selbst wenn er, wie oben zu sehen, beansprucht wird, verlegte sich ein Make-up-Experte aus Hollywood, Kalifornien, auf die neue, im Vordergrund des Fotos zu sehende »Kusstest«-Maschine. Die Kussmaschine wird elektrisch betrieben und presst immer wieder zwei Münder aus Kunststoff, zwischen die ein weißes Stück Papier geklemmt wird, zusammen – nachdem auf einen von ihnen die zu testende Lippenstiftmischung aufgetragen wurde. Mit dem ersten sichtbaren Abdruck auf dem Stück Papier zeigt ein Zähler die Anzahl der Küsse an, die der Lippenstift überlebt hat. Hinsichtlich der Kusstechniken und der Inbrunst des Küssens wiesen vorhergehende Experimente mit menschlichen Testern so viele Varianten auf, dass die Maschine eingesetzt wurde.

Der obige Zeitungsartikel erschien im März 1940 in der Zeitschrift *Popular Science*.

Die Chemie eines Kusses

:-x

> *»Der erste Liebeskuss einer jungen Dame*
> *hat den gleichen Effekt auf sie,*
> *als wäre sie elektrisiert. Es ist ein großer Schock,*
> *aber es ist bald vorüber.«*[14]

Bei einem erotischen Kuss kreist ein Strom von verschiedenen Hormonen durch den Körper. Die wichtigsten sind Dopamin, Oxytocin, Serotonin und Adrenalin. Oxytocin ist ein Hormon, das mit Partnerbindungen verknüpft ist. Es hilft dabei, Bindungsgefühle, Hingabe und Zuneigung zueinander zu entwickeln. Dopamin sorgt für die Verarbeitung von Gefühlen wie Lust und Schmerz durch das Gehirn. Serotonin beeinflusst die Stimmung und Gefühle eines Menschen. Adrenalin erhöht die Herzfrequenz und spielt eine große Rolle bei einem körperlichen Kampf oder beim Fluchtimpuls.

Oder sollte Obiges zu wissenschaftlich sein …

---

14 C. C. Bombaugh, *The Literature of Kissing*, Philadelphia 1876, S. 320.

Die Zusammensetzung eines Kusses –
Nach Samuel Taylor Coleridge

:-x

Amor, so hat die Mär uns anvertraut,
Hat einmal einen Freudentrank gebraut.
Er hat im Kelch, vom Liebesbrand bezischt,
Erst Nektar und Ambrosia gemischt,
Und dann den Zaubertau des Abends, den
Ihm Elfen still vom Liebesberg zuwehn,
Den Glaubens-Schwur, der Treue sanft verheißt,
Die heitren Freuden aus dem reinen Geist,
Tagträume, deren helle Farben glühen,
Und Hoffnung, keusche Gegnerin der Mühen.
Der blinde Mischer hörte, wie es schwoll,
Und aus dem schwülen Kelch tief seufzend quoll.
So süß klang's, als ergösse sich verliebt
Das Tauben-Raunen, wenn sich Liebe gibt.
Der Neid verpönt das neue Element,
Den teuren Stoff, den Amor »Küsse« nennt.
[…]

Übersetzt von Christophe Fricker

Der Duft eines Kusses

:-X

Beim Küssen kommt es laut Gordon G. Gallup von der Albany State University, New York, zu einem komplizierten Austausch an olfaktorischen Informationen, die die Menschen in die Lage versetzen, zu entscheiden, wie gut sie zusammenpassen. Küsse können sogar darüber Aufschluss geben, inwieweit der Partner bereit ist, sich der Erziehung von Kindern zu widmen, ein zentrales Thema in langwährenden Beziehungen und bedeutsam für das Überleben unserer Spezies.

Ob Menschen jedoch Pheromone spüren, ist umstritten. Im Unterschied zu Ratten und Schweinen verfügen Menschen über keinen speziellen Pheromondetektor zwischen Mund und Nase. Trotzdem spricht vieles dafür, dass Pheromone beim menschlichen Liebeswerben und der Fortpflanzung dennoch eine Rolle spielen. Aus diesem Grund ist das Küssen eine äußerst effektive Methode, sie von einem Menschen zum anderen weiterzugeben. Die Biologin Sarah Woodland von der Duquesne University geht davon aus, dass Menschen Pheromone mit der Nase wahrnehmen können.

>*»Mit dem Geschmack deiner Lippen,*
>*bin ich auf einer wilden Fahrt,*
>*du bist Gift,*
>*ich gleite ab.«*
>Britney Spears, *Toxic*

Die Gestalt eines Kusses

:*~

Unnötig zu sagen, dass sich ein Kuss wie ein »Lippenkitzeln« an-
fühlt. Und welche Wortart stellt ein Kuss dar? Ein Bindewort natürlich! Und haben Sie sich schon einmal überlegt, warum ein Kuss
wie ein Gerücht ist? Nun, weil er von Mund zu Mund weitergegeben
wird …

Jetzt aber schnell weiter …

Kuss-Abgüsse

:-*

Die Künstlerin Charlie Murphy hat eine einzigartige Form gefunden, einen ewig andauernden Kuss einzufangen, wobei die Zuschauer ihrer internationalen »Kiss-ins« zum Mitwirken eingeladen
sind. Ihnen wird ein schnell abbindendes Abdruckmaterial aus der
Zahntechnik in den Mund gegeben. Dann küssen sich die Paare und
verharren eine Minute lang in dieser Pose, bis das Material abgebun-
den hat. Später werden mit diesen Gussformen Glaspokale gegossen
und zeigen den Kuss von »innen«.

Die Bedeutung eines Kusses

:-x

Bei der oben erwähnten Gallup-Untersuchung stellte sich heraus,
dass sich die Anziehungskraft eines potentiellen Partners nach dem
ersten Kuss verflüchtigte, wenn dieser als unbefriedigend erachtet

wurde. An diesen Küssen gab es nichts Bestimmtes auszusetzen; sie »fühlten sich nur einfach nicht richtig an«.

Einem Kuss kommt deshalb eine so große Bedeutung zu, weil er unterbewusste Informationen über die genetische Verträglichkeit eines möglichen Partners übermittelt. Aus darwinistischer Perspektive ist die sexuelle Selektion der Schlüssel zur Weitergabe von Genen. Die Forschung hat gezeigt, dass Frauen solche Männer bevorzugen, deren Immunsystem andere Proteine enthält als ihr eigenes. Theoretisch kann die Zeugung eines Babys mit einem Partner mit anderen Immunproteinen dazu führen, dass der Nachwuchs gesünder ist. Wissenschaftler glauben, dass eine Frau diese Proteine während des Küssens riechen kann und dass das, was sie riecht, Einfluss darauf hat, ob sie ihren Partner attraktiv findet.

In seinen Schriften schwärmte der römische Epigrammatiker Martial im späten 1. Jahrhundert vom Duft eines Kusses als »dem Geruch von Gras, das gerade von einem Schaf abgeweidet wurde; dem Duft von Myrte, des arabischen Kräutersammlers«.

Das Geräusch eines Kusses

:-X

Nach C. C. Bombaugh, der dies von einem Witzbold gehört hatte:[15]

> »Wenn zwei liebende Münder sich berühren, um sich zu küssen,
> hört sich der Kuss ungefähr so an: psch …
> Und dann klingt er so sacht und musikalisch aus,
> dass er mit Worten nicht zu beschreiben ist.«

---

15 C. C. Bombaugh, *The Literature of Kissing*, J. B. Lippincott & Co 1876, S. 325.

Der namenlose Witzbold, sagt Bombaugh, fährt herausfordernd fort:

>*Falls jemand meint, meine Beschreibung sei unvollständig,*
soll er eine bessere liefern, wenn er kann,
am besten geschrieben mit einer Feder aus Amors Flügel.«

Christopher Nyrop erklärt in seinem Buch *The Kiss and its History* (1901), dass man von einem »rein phonetischen Standpunkt aus gesehen, einen Kuss als einen ›inspiratorischen bilabialen‹ Laut definieren kann, ein Geräusch, wie es beim Schmatzen der Lippen zustande kommt«.

In *Mechanismus der menschlichen Sprache (nebst der Beschreibung seiner sprechenden Maschine)* von W. von Kempelen (Wien 1791) werden Küsse gemäß ihrer Geräusche in drei Arten aufgeteilt. Als erstes gibt es den *freundschaftlich hellklatschenden Herzenskuss,* einen zärtlichen, deutlich hörbaren, von Herzen kommenden Kuss; als nächstes einen unaufdringlicheren, d.h. von der akustischen Qualität schwächeren Kuss und schließlich den *ekelhaften Schmatz.*

Oder wie es Oliver Wendell Holmes sr. in *The Professor at the Breakfast-Table* ausdrückte: »Das Geräusch eines Kusses ist nicht so laut wie das einer Kanone, aber sein Echo hallt viel länger nach.«

Kalorienverbrauch beim Küssen

:*~

Wenn es einem beim Küssen um die Kalorien geht, hat die Liebe keine Chance. Doch manche Menschen haben eben eine Schwäche für solche Nichtigkeiten … also: Die bei einem Kuss verbrauchte

Energie ist natürlich vollständig abhängig von der Tiefe der Leidenschaft. Aber über den Daumen gepeilt sind es zwischen zwei bis sechs Kalorien pro Minute.

Der Geschmack eines Kusses

:-*

Wie beschreibt man den Geschmack eines Kusses? Am treffendsten ist er als süß zu bezeichnen. In der Renaissance waren Ausdrücke wie *bouche sucrine (*Mund voller Süßigkeit) und *bouche pleine de sucre et d'ambergris* (Mund voller Zucker und Ambra) üblich. Ein lateinisches Epigramm beschreibt ihn so:

> *»Was ist süßer als Met? Himmelstau, und was ist süßer als Tau? Honig von Hybla, und was ist süßer als Honig? Nektar. Und süßer als Nektar? Ein Kuss.«[16]*

Atem

:-x

Laut einer Umfrage von Trebor Extra Strong Mints zur »Großen Küsserei unter dem Mistelzweig« verdirbt garantiert nichts besser die Chancen, geküsst zu werden, als Mundgeruch. Sieben von zehn befragten Personen sagten aus, dass Mundgeruch der größte Lusttöter überhaupt sei. Am übelsten seien der Atem von Rauchern sowie der Geruch von Knoblauch, Bier und Curry. Des Weiteren würden

---

16 Christopher Nyrop, *The Kiss and its History*, London 1901, Detroit 1968.

Oberlippenbärte (bei Männern wie bei Frauen), die-Zunge-zu-tief-in-den-Mund-stecken, picklige Haut und rieselnde Schuppen die Lust verderben.

Bärte

:-X

Kate hasst Bärte, zu viel Haar,
Macht aus Männern Bären, Gott bewahr',
Aber Nellie, die viel kesser,
Meint: je mehr Haar, desto besser,
Denn, – in ihren Augen blitzt Entzücken –,
Bären kann man besser drücken.[17]

Schniefnasen

:*~

… sind auch nicht gerade verführerisch. Martial beschwört die ekelerregende Erfahrung herauf, Münder und Gesichter küssen zu müssen, die von Schmutz, Rotz, Geschwüren, Gangränen und schwärenden Wunden bedeckt sind. In seinem Epigramm (vii, 95) beschreibt Martial Linus als herzlichen Menschen mit einem langen Bart und einer kalten Nase, der an Wintertagen nie eine Gelegenheit auslässt, zu küssen. »Bitte, verschieb das Küssen auf April«, schreibt Martial. Diese Küsser oder »basiatores«, wie er sie nannte, waren dem Dichter ein Greuel.

---

17 C. C. Bombaugh, *The Literature of Kissing*, J. B. Lippincott & Co 1876, S. 358.

Grünlich hängt von deiner Hundeschnauze
Eis, der Bart ist starr und fest,
wie ihn mit krummer Zange der kilikische
Hirte abzwickt dem kinyphischen Bock.
Hundert Cunnilingisten lauf ich lieber in die Arme!
Weniger fürchte ich den frisch kastrierten Priester!
Wenn du also Anstand hast und Scham,
verlege deine winterlichen Küssereien
doch bitte, Linus, auf April!
Übersetzt von Karl Wilhelm (kaluwi.de)

Zahnheilkunde

:-*

Auf den eigenen Mundgeruch zu achten und für frischen Atem zu sorgen ist keine Erfindung der Neuzeit. Die Römer der Kaiserzeit sorgten mit Myrrhe für einen süßen Atem. So überrascht es kaum, dass es mit den Fortschritten der Zahnheilkunde und der Verringerung des Mundgeruchs immer verlockender wurde, mit offenem Mund zu küssen.

Wieder ist es Martial, der in einem kleinen an Posthumus gerichteten Epigramm etwas zu diesem Thema zu sagen hat.

Was bedeutet es, daß deine Küsse nach Myrrhen stets riechen
und eine Wolke von Duft, Postumus, stets dich umgibt?
Recht verdächtig find ich's, daß wohlriechend du immer duftest:
wer immer duftet, mein Freund, steht nicht in gutem Geruch.
Übersetzt von Harry C. Schnur (vox-latina-gottingusis.de)

Zu bestimmten Zeiten in der Geschichte der westlichen Gesell-schaften war der Brauch, sich zur Begrüßung einen Kuss auf den Mund zu geben, vollkommen akzeptabel und hatte keinen sexuellen Beigeschmack. Bei diesen Küssen mit sozialen und rituellen Funk-tionen hatte das Waschen des Mundes kulturelle Implikationen. Als die sexuellen Assoziationen immer mehr in den Vordergrund traten, wurde der Kuss auf den Mund durch Worte und Gesten ersetzt, die weniger zweideutig waren, wie zum Beispiel das Händeschütteln.

Steife Oberlippen

:-x

Im 15. Jahrhundert gaben sich Männer und Frauen in England einen Kuss auf den Mund; dies galt als sozialer Kuss. Diese Sitte ver-schwand mit der Zeit, zum Teil aufgrund der Erotisierung des Kus-ses; der Kuss auf die Wange, wie er in Frankreich gängig war, war weniger offen sexuell und erwies sich daher als langlebiger. In den 60er Jahren des 20. Jahrhunderts lockerten sich die sozialen Zwänge, und der soziale Kuss kehrte langsam nach England zurück.

Besser Lippen als Hände

:-X

Das Internationale Wissenschaftliche Forum für Häusliche Hygiene erklärt, dass die Begrüßung mit einem Kuss auf die Wange hygieni-scher ist als das Händeschütteln.

Asymmetrisches Küssen

Man schätzt, dass zwei Drittel der Menschen den Kopf zum Küssen nach rechts drehen. Offensichtlich neigen wir ihn nach rechts, um nicht mit den Nasen zusammenzustoßen, aber Wissenschaftler fragen sich, warum nach rechts und nicht nach links.

Verschiedene Experimente wurden zum Thema asymmetrisches Verhalten durchgeführt, das mit der Gliederung von Gehirnfunktionen wie Sprache und räumliche Wahrnehmung in Zusammenhang steht. Eine Studie von 2006 des Belfaster Naturforschers Julian Greenwood ergab, dass 77 Prozent der Versuchsteilnehmer den Kopf nach rechts neigten, wenn sie eine Puppe küssten, d.h. ein Objekt, zu dem sie keine emotionale Beziehung hatten (vorausgesetzt die Probanden waren Erwachsene und keine kleinen Mädchen). Ebenso drehten 80 Prozent von 125 sich küssenden Paaren die Köpfe nach rechts.

> *»Wer immer es als Necking bezeichnete,*
> *hatte keine Ahnung von Anatomie.«*
> Groucho Marx

Der deutsche Biopsychologe Onur Güntürkün von der Ruhr-Universität Bochum vermutet, dass die Rechtsneigung beim Küssen von einer generellen Vorliebe des Menschen herrührt. Sie entwickelt sich am Ende der Schwangerschaft, wenn die Babys ihren Kopf in der Gebärmutter nach rechts neigen. Studien haben außerdem gezeigt, dass 80 Prozent aller Mütter, ob Rechtshänderinnen oder nicht, die Säuglinge im linken Arm halten. Daher ist ein Baby eher daran gewöhnt, den Kopf zum Saugen oder Riechen nach rechts zu bewegen. Daraus schließt man, dass die meisten von uns gelernt haben, Wärme und Sicherheit mit einer Rechtsdrehung zu assoziieren. Bedeutet dies, dass ein Kuss mit zur Linken geneigtem Kopf weniger gefühlvoll und kälter ist?

Und für die, die mit Unwissenheit oder Unerfahrenheit geschlagen sind, könnte das Folgende hilfreich sein …

Wie man küsst

:-*

»Die Menschen werden immer küssen, doch genauso wenig wie sie wissen, wie man aus Kohle Diamanten macht, wissen sie, wie sie es anstellen sollen, dass herrliche Lippen ihnen Glückseligkeit bereiten; dabei ist die Sache so einfach. Zunächst sollte man wissen, wen man küsst; springen Sie die Frau nicht an wie die Forelle die Fliege und geben ihr einen Schmatz auf den Hals, das Ohr, die Stirn oder die Nasenspitze. Der Herr sollte ein bisschen größer sein, ein sauberes Gesicht haben, einen freundlichen Blick und einen ausdrucksvollen Mund. Küssen Sie nicht jede; setzen Sie sich nicht hin, um zu küssen, stehen Sie auf. Nehmen Sie die linke Hand der Dame in Ihre rechte; nehmen Sie Ihren Hut ab – legen Sie ihn hin, wo er nicht im Weg ist; legen Sie die linke Hand sanft über die Schulter der Dame und lassen Sie sie rechts herunterhängen. Lassen Sie sich Zeit; ziehen Sie sie sachte, liebevoll an Ihr Herz. Ihr Kopf wird willenlos auf Ihre Schulter fallen und ein hübsches Schulterstück darstellen. Lassen Sie sich Zeit. Ihre linke Hand liegt in Ihrer rechten; drücken Sie sie behutsam, nicht wie eine Schraubzwinge, sondern mit leichtem Druck, voller Elektrizität, Überlegung und Achtung. Lassen Sie sich Zeit. Ihr Kopf liegt sorglos auf Ihrer Schulter, Ihre Herzen sind sich ganz nah. Blicken Sie hinab in ihre halb geschlossenen Augen; sanft, aber mannhaft; drücken Sie sie an Ihre Brust. Bleiben Sie fest stehen; seien Sie mutig, aber lassen Sie

*sich Zeit. Ihre Lippen sind halb geöffnet; beugen Sie den Kopf leicht vor,
nicht den Körper; zielen Sie gut; Ihre Lippen treffen sich, die Augen schließen sich; das Herz öffnet sich; die Seele übersteht den Sturm, die Sorgen
und Nöte des Lebens (lassen Sie sich Zeit); der Himmel öffnet sich vor Ihnen,
die Welt bebt unter Ihren Füßen, als ein Meteor über den Abendhimmel
schießt (haben Sie keine Angst); das Herz vergisst die Verbitterung, und
die Kunst des Küssens ist gelernt! Kein Wirbel, kein Lärm, kein Zucken,
kein Winden wie das eines Wurms am Haken. Küssen tut weder weh, noch
ist ein Gesetz des Kongresses nötig, um es rechtmäßig zu machen.*[18]
Jetzt wissen Sie es also …

Mund-zu-Mund-Beatmung[19]

:-x

1745 hörten die Mitglieder der Royal Society of London eine von
John Fothergill gehaltene Vorlesung über die ungewöhnliche Praxis,
die Mund-zu-Mund-Beatmung genannt wurde. Vorher war sie als
»Totenerweckung« bekannt.[20]

TOTENERWECKUNG   Diese Lebensrettungsmaßnahme kann bis zur
Bibel zurückverfolgt werden, bis zu Elischas wundersamer Wiederbelebung des toten Jungen: »Dann trat er an das Bett und warf sich
über das Kind; er legte seinen Mund auf dessen Mund, seine Augen
auf dessen Augen, seine Hände auf dessen Hände. Als er sich so über
das Kind hinstreckte, kam Wärme in dessen Leib.«

---

18 C. C. Bombaugh, *The Literature of Kissing*, J. B. Lippincott & Co 1876, S. 323.
19 Luke Davidson, *The kiss of life in the 18th Century: The fate of an ambiguous kiss*, S. 98–
114, aus *The Kiss in History*, Manchester University Press 2005, S. 98–114.
20 Bibel, Das zweite Buch der Könige, 4,34.

Dies war schon im 15. Jahrhundert eine weit verbreitete Maßnahme, mit der Hebammen versuchten, totgeborene Kinder ins Leben zu holen.

ES GIBT SOLCHE UND SOLCHE KÜSSE …   Fothergill war begeistert von der Idee der Mund-zu-Mund-Beatmung, da sie die künstliche Beatmung mit dem Blasebalg überflüssig machte. Sie fand allerdings nicht den rechten Anklang. Die Ärzte des 18. Jahrhunderts weigerten sich, die Wiederbelebung durch Mund-zu-Mund-Beatmung als respektables medizinisches Verfahren anzuwenden, obwohl sie ihr lebensrettendes Potential erkannt hatten. So geriet sie in Vergessenheit, bis James Elam und Peter Safar sie in den 1950er Jahren, also zweihundert Jahre später, wieder einführten.

EIN KUSS WIE KEIN ANDERER   100 PROZENT P.C.   Die Mund-zu-Mund-Beatmung unterscheidet sich von anderen Küssen insofern, als sie in einer kritischen Situation angewendet wird, während der der Patient gewöhnlich bewusstlos und der einzige Nutznießer ist. Bei diesem Kuss wird nicht erwartet, dass er irgendjemandem Vergnügen bereitet. Er soll nützlich und nicht befriedigend oder bedeutsam sein. Kulturelle und soziale Grenzen stellen keine angemessenen Gründe dar, jemandem diesen Kuss zu verweigern. Wenn es um Leben oder Tod geht, sind die Rasse, das Geschlecht und/oder der Glaube von keinerlei Belang.

> *»Jemandem den eigenen Atem in die Lungen zu blasen*
> *ist eine absurde und schädliche Praktik.«* [21]

---

21 B. Waterhouse, *On The Principle of Vitality*, Boston 1790, S. 17.

Fothergill hatte gehofft, dass die Mund-zu-Mund-Beatmung Ertrunkenen helfen würde. Zu jener Zeit wurden die Beinahe-Ertrunkenen an den Füßen aufgehängt, damit das Wasser aus ihnen herausfließen konnte, oder sie wurden auf ein Fass gelegt, um das Wasser aus den Körperhöhlen herauszudrücken. Zu weiteren Wiederbelebungsmethoden gehörte es zum Beispiel, den Körper warmzurubbeln, die Haut mit Brandy einzureiben, Blut abzunehmen, Riechsalz unter die Nase zu halten und Tabakrauch ins Rektum zu blasen. Letzteres führte zu Schweißausbrüchen, Erbrechen und der Entleerung des Darms. Zu diesem unappetitlichen Bild kam noch der Allgemeinzustand des Mundes des Opfers.

Da dies die Zeit der schlechten Zahnhygiene war, wundert es nicht, dass in der Porträtmalerei die Münder geschlossen dargestellt wurden; verfaulte und fehlende Zähne waren das Schicksal der meisten Münder. Welche Überraschungen, fragt man sich, verbargen sich hinter dem Lächeln der Mona Lisa?

Madame Vigée-Lebrun, die als die berühmteste Malerin des 18. Jahrhunderts gilt, widersetzte sich der jahrtausendealten Tradition der geschlossenen Münder und entblößte in einem Selbstporträt von 1787 mit einem Lächeln ihre perlweißen Zähne.

DER WAHNSINN IN DEN MÜNDERN DER SÜSSMÄULER Die beträchtliche Zunahme des Verzehrs von Zucker und Schokolade hatte vorhersehbare Auswirkungen auf die Zähne; Sahnebonbons, Tabak und Gin führten zu Mundgeruch, die Behandlung von Syphilis mit Quecksilber zu Zahnverfärbungen, Zahnausfall und eine um das Zweifache, bis zu zwei bis zweieinhalb Liter pro Tag, erhöhte Speichelbildung. Die meisten Menschen glaubten, die Mundhöhle stecke voller Infektionsgefahren und der Atem verbreite Geschlechtskrankheiten. Daher überrascht es kaum, dass die Mund-zu-Mund-Beatmung als ungehörig, unschicklich, ziemlich ekelhaft und widerlich, wenn nicht gar schlichtweg töricht angesehen wurde.

Laut Alan Corbin erstickte in den 1790er Jahren ein Arzt, der die Mund-zu-Mund-Beatmung bei einem Grubenentleerer anwendete, am überwältigenden Gestank an seinem Arbeitsplatz. Der Arzt, Monsieur Verville, »hatte kaum die Luft, die aus dem Mund des Todkranken kam, eingeatmet«, berichtete ein Zuschauer, »als er ›Ich bin ein toter Mann!‹ rief und bewusstlos zu Boden ging.«[22]

Virale Küsse – sehr ansteckend

:-X

Der römische Kaiser Tiberius (14–37 n. Chr.) erließ eine Verfügung, die das Küssen verbot, da man glaubte, es sei für die Verbreitung einer unangenehmen Pilzerkrankung verantwortlich, die die Gesichter und Körper der römischen Adligen entstellte.

Das Küssen kann zu einer Reihe von Infektionskrankheiten führen …

Kranke Küsse

:*~

DIE KUSSKRANKHEIT   In den 1950er und 1960er Jahren war das Pfeiffersche Drüsenfieber – die Ursache für Erschöpfung und Depression, ja sogar die Erkrankung der Leber – eine sehr bekannte Kusskrankheit. Die Infektion wird während des Küssens buchstäblich verschluckt, denn auf diesem Weg gelangt die Mikrobe in den

---

22 Luke Davidson, *The kiss of life in the 18th Century: The fate of an ambiguous kiss*, S. 98–114, aus *The Kiss in History*, Manchester University Press 2005, S. 109.

Körper. Schätzungsweise 95 Prozent der Erwachsenen haben sich zu irgendeinem Zeitpunkt in ihrem Leben infiziert. Es überrascht nicht, dass das Drüsenfieber sich dort stark ausbreitet, wo viele junge Menschen sind.

HALSENTZÜNDUNG Streptokokken, die eine ganze Reihe von Infektionen auslösen können, wie zum Beispiel Zahnfleisch- und Halsentzündungen, kommen vorwiegend in der Mundhöhle, auf der Zunge und den Zähnen vor.

KOPFLÄUSE Hüten Sie sich vor dem auf einem Kopfkissen liegenden Haarknäuel, und vermeiden Sie es, mit den Fingern durch die Haarflechten Ihrer Liebsten zu fahren; Läuse springen leicht von Kopf zu Kopf. Kratzen und Jucken ist ein verräterisches Zeichen.

ZAHNFLEISCHENTZÜNDUNG Die meisten Erwachsenen tragen das Bakterium in sich, das rot entzündetes Zahnfleisch und Kieferknochenrückgang verursacht, der zum Verlust der Zähne führt – nehmen Sie sich vor triefenden Nasen, spuckenden oder hustenden Menschen, Husten, weißen Zungen, ungesund aussehendem Zahnfleisch und schlechtem Atem in Acht!

MUNDGESCHWÜRE Die Atemwege (Nase, Mund und Hals) sind miteinander verbunden. Infektionen wie Erkältungen und Grippe können im Speichel transportiert werden. Einige Forscher vertreten sogar die Theorie, dass Magengeschwüre durch das Küssen übertragen werden.

FIEBERBLÄSCHEN Im Gegensatz zu den durch den Speichel übertragenen Infektionen verbreitet sich das *Herpes Simplex Virus* durch

Fieberbläschen an den Lippen oder in Mundnähe. Wie nicht anders zu erwarten, ist die Infektion dann am ansteckendsten, wenn die Blase offen ist und Flüssigkeit austritt.

HAUTAUSSCHLAG DURCH STOPPELN   Wie viele doch sind dieser besonderen Art der Hautabschürfung zum Opfer gefallen, meistens als Nebenprodukt einer neuen Leidenschaft, die uns, das schönere Geschlecht mit der weicheren Haut, so verzaubert hat, dass wir es zulassen, dass man uns das Kinn wundreibt.

HAND, FUSS UND MUND   Das *Coxsackie*-Virus ist eine weitere Infektionskrankheit, die über offene Bläschen im Mund übertragen wird. Sie tritt oft bei Kleinkindern auf und wird meist über den »fäkal-oralen« Weg übertragen. In Kinderkrippen ist sie wegen des ständigen Windelwechselns häufig anzutreffen.
Aphthen sind dagegen nicht ansteckend. Im Unterschied zu Fieberbläschen und die durch das *Coxsackie*-Virus verursachten Bläschen haben sie keinen infektiösen Ursprung und werden nicht über den Speichel oder das Küssen übertragen.

Raubwanze oder Kissing Bug

:-*

Dieses blutsaugende Insekt aus der Familie der *Reduviidae*, das den Parasit *Trypanosoma cruzi* überträgt, wird für die Verbreitung der schwächenden Chagas-Krankheit verantwortlich gemacht. Diese durch tropische Parasiten verursachte Krankheit kommt in Lateinamerika vor und kann, wenn sie nicht behandelt wird, ernste Darm- und Herzprobleme auslösen.

Tödliche Küsse

:-x

Schätzungsweise einer von zehn Jugendlichen trägt Meningokokken-Bakterien in sich, die eine Meningitis – eine Hirnhautentzündung – sowie eine Sepsis – eine Blutvergiftung – verursachen können. Beide Krankheiten können zum Tod führen. Wahlloses Küssen kann das Risiko, an Meningitis zu erkranken, um das Vierfache erhöhen.

Aids

:-X

Obwohl sich HIV im Speichel befindet, ist es praktisch unmöglich, sich beim Küssen mit diesem Virus zu infizieren. Das United States Center for Disease Control hat allerdings in einem Fall von einer möglichen Infektion auf diesem Übertragungsweg berichtet.

Nicht verzweifeln ...

:*~

Als Plus hat der Mund natürliche Abwehrmittel in Form des Speichels, der ihn ständig ausspült, sowie Antikörper, die gegen schädliche Bakterien wirken.
Darüber hinaus stimuliert das Küssen das Gehirn. Es gibt dem Denken Nahrung, produziert ein Glückshormon und stärkt das Selbstwertgefühl. Die direkten gesundheitlichen Vorteile sind vielfältig: der Austausch von Bakterien kann dem eigenen Immunsystem nutzen.

Küssen ist gut für das Herz, da dabei Adrenalin ausgeschüttet wird, das das Herz mehr Blut durch den Körper pumpen lässt. Küssen senkt den Blutdruck und das Cholesterin. Menschen, die häufig küssen, leiden seltener unter Magen-, Blasen- und Blutinfektionen.

Das Vermeiden von Kusskrankheiten

:-*

Um es kurz und bündig zu sagen: Nehmen Sie sich in Acht, wen Sie küssen.
Oder greifen Sie zu Schutzmaßnahmen …

Der Kuss-Schild –
Für Hypochonder und Politiker,
die viele Babys küssen

:-x

Das US-Patent 5787895 (auch bekannt als der Kuss-Schild) ist eine einfache, günstige Maske die aus einer dünnen, undurchlässigen Membran in einem Rahmen besteht und die beim Küssen verwendet werden kann, um den Austausch von Bazillen und den unschönen Abdruck von Lippenstift und anderen Kosmetika zu verhindern.
Trotz der Risiken des Küssens ist die übereinstimmende Meinung die, dass Küssen gut ist – für den Körper, für die Gefühle und für den Geist. In der Poesie, Literatur, im Film und in der Musik werden seine Vorteile gepriesen. Die Griechen sagen, der Kuss sei der Schlüssel zum Paradies, ein Schutz vor allem Bösen: »*Kein Unglück kann mir zustoßen, wenn sie mir einen Kuss schenkt*«, singt Colin Muset.

Seine Heilkraft ist eine Volksweisheit. Heine erklärt: »*Doch wenn ich küsse deinen Mund, So werd ich ganz und gar gesund.*«
Laut dem Herzog von Anhalt bringt ein Kuss Leben und sogar das Geschenk der ewigen Jugend: »*Wenn ich auf diesen Mund einen Kuss drückte, sollte ich, so dünkt mich, wahrlich unsterblich werden.*«[23]
Leider ist der Zustand der Unsterblichkeit eine abstrakte Vorstellung.

Der Totenkuss

Ich sitze bei der Gestalt in dem Sarg,
Ich küsse und küsse krampfhaft wieder die süßen, alten
Lippen, die Wangen, die geschlossenen Augen im Sarg.

Walt Whitman
Übersetzt von Christophe Fricker

Dieser Kuss, nicht zu verwechseln mit dem »Todeskuss« – synonym für Verrat und Blutrache –, ist der letzte zarte Liebesbeweis, den wir einem geliebten Menschen gewähren und von dem man im Altertum glaubte, er folge dem Menschen ins Jenseits. Der »Totenkuss« ist nicht nur ein Zeichen der Liebe, sondern bringt auch den Glauben zum Ausdruck, dass die Seele für einen Moment durch einen solchen Kuss zurückgehalten werden könnte. Ovid klagt in *Tristia* über sein freudloses Exil in Tomis und verzweifelt bei dem Gedanken, dass seine geliebte Frau in der Stunde seines Todes nicht an seiner Seite sein wird, um seinen flüchtigen Geist mit ihren mit Tränen vermischten Küssen aufzuhalten.

---

23 Christopher Nyrop, *The Kiss and its History*, London 1901, Detroit 1968, S. 37.

>*Vielerorts verlangt der Glaube eines Volkes, dass der nächste Verwandte die Stirn des Verstorbenen küsst, bevor der Sarg verschlossen wird. Mancherorts obliegt es jedem, der einen Toten sieht, ihn zu küssen, da der Tote ansonsten keinen Frieden findet.*«[24]

Einen geliebten Toten auf die Lippen zu küssen ist ein gebräuchliches literarisches Mittel. Ann Pasternak behauptet, dass Shakespeares Charaktere die Sterbenden aus drei Gründen auf den Mund küssen: um sie wiederzubeleben, um sich durch ein letztes Verschmelzen von ihnen zu verabschieden und die Reise der Seele ins Jenseits zu unterstützen.

ANTONIUS: Ich sterb', Ägypten, sterbe; nur ein Weilchen
Lass' ich den Tod noch warten, bis ich dir
Von so viel tausend Küssen den armen letzten
Auf deine Lippen drückte.

CLEOPATRA: Willkommen, willkommen!
Stirb nun, wo du lebtest,
Leb auf im Kuss! Vermöchten das die Lippen,
Wegküssen solltst du sie.
                    Shakespeare, *Antonius und Cleopatra*

ROMEO: Augen,
Blickt euer Letztes! Arme, nehmt die letzte
Umarmung! Und o Lippen, ihr, die Tore
Des Odems, siegelt mit rechtmäß'gem Kusse.

---

24 Ebenda, S. 98.

JULIA: O Böser! Alles
Zu trinken, keinen güt'gen Tropfen mir
Zu gönnen, der mich zu dir brächt'? – Ich will
Dir deine Lippen küssen. Ach, vielleicht
Hängt noch ein wenig Gift daran, und lässt mich
An einer Labung sterben.

Shakespeare, *Romeo und Julia*

OTHELLO: Ich küsste dich,
Eh' ich dir Tod gab – nun sei dies der Schluss:
Mich selber tötend sterb' ich so im Kuss.

Shakespeare, *Othello*

»Addormentarsi nel bacio del Signore«

:-*

Der italienische Ausdruck »in Gottes Kuss einschlafen« beruht auf der Vorstellung, dass wir sterben, um auf einer höheren Stufe wiedergeboren zu werden. Wie kann man jemanden besser in die nächste Welt locken, als den Tod mit einem tröstenden, zärtlichen, uns von Gott geschenkten Kuss der Heimkehr zu vergleichen?
»Er, der Sein Kind in Seine Arme nimmt, es küsst und es fort von der Erde in schönere und seligere Sphären trägt.«[25] Amen und KussKuss.

»Des Lebens herbstliche Blüten fallen,
Und die braunen, sich anschmiegenden Lippen der Erde drücken
Den langen kalten Kuss auf, der uns alle erwartet.«[26]

---

25 Ebenda, S. 96.
26 C. C. Bombaugh, *The Literature of Kissing*, J. B. Lippincott & Co 1876.

Grabsteinküsse

:-x

»Verlor sein Leben, als er im Gebäude der Metropolitan Life Insurance bei dem Versuch, sechs jungen Frauen zu entgehen, die ihn zum Geburtstag küssen wollten, stürzte und auf einen Tintenrasierer fiel.«

Die obige Meldung berichtet von dem äußerst traurigen Schicksal des George S. Millitt. Ein Bürojunge, der in der Antragsabteilung der Metropolitan Life Insurance arbeitete, starb durch »Herumtollen«, als sechs Stenographinnen ihm Geburtstagsküsse geben wollten. Ein scharfer Tintenrasierer (ein Messer, das zum Ausrasieren von Schreibfehlern auf einer Schreiboberfläche verwendet wird), den er in seiner Tasche trug, stach ihn ins Herz.

Der Sohn einer Witwe war erst seit zwei Monaten in dieser Versicherung angestellt, als dies passierte. »Er hatte gute Manieren, und sein blondes Haar und seine helle Haut machten ihn zum Liebling aller Stenographinnen.« Als sie erfuhren, dass er Geburtstag hatte, neckten die Mädchen ihn, dass sie ihn für jedes seiner Lebensjahre einmal küssen wollten. »Er erklärte lachend, dass sich kein Mädchen trauen solle, ihm nahezukommen.« Doch am Ende des Tages stürzten die Mädchen sich auf ihn. Sie umzingelten ihn, und er versuchte, zu entkommen. Plötzlich wirbelte er herum, stürzte zu Boden und rief: »Das Messer bohrt sich in mein Herz.«[27] Der Junge starb, bevor er ins Krankenhaus eingeliefert werden konnte, ohne das Bewusstsein wiederzuerlangen.

---

27 *Stabbed to Death in Office Frolic*, *The New York Times*, 16. Februar 1909.

II
DAS WESEN UND
DIE GEOGRAPHISCHE
BESCHAFFENHEIT
EINES KUSSES

DAS WESEN
EINES KUSSES

Universelle Küsse

»Schaut euch nur diese Leute an! Sie saugen aneinander! Sie essen die Spucke und den Schmutz des anderen!«, so äußern sich die Tsonga aus Südafrika über die Kussgewohnheit der Europäer.[28]

Schnuppern und Küsse

Charles Darwin stellte fest, dass in verschiedenen Teilen der Welt das Küssen[29] »durch das Aneinanderreiben der Nasen ersetzt wird«. Darwin vergleicht diesen sogenannten malaiischen Kuss mit einem Handschlag. Deshalb überrascht es nicht, dass bei vielen malaiischen Stämmen derselbe Begriff für Kuss und Gruß verwendet wird. Allgemein wird angenommen, dass für die Inuit das Aneinanderreiben der Nasen mit dem Küssen gleichzusetzen ist. Frühe Erforscher der Arktis nannten diesen Kuss den »Eskimokuss«.

Doch die Bezeichnung »Kuss« ist nicht ganz korrekt, da die Inuit nicht nur die Nasen aneinanderrieben, sondern auch an den Wangen

---

28 Henri A. Junod, *The Life of a South African Tribe*, 2. Auflage, London 1927.

29 Alfred Ernest Crawley, *The Expression of Emotions in Man and Animals*, hg. von Theodore Besterman, Studies of Savages and Sex, New York 1929, S. 114.

des anderen schnupperten. Paul d'Enjoy beschrieb diesen Kuss, der bei den chinesischen Yakuts und verschiedenen mongolischen Völkern, ja sogar bei den Lappen in Nordfinnland praktiziert wird, wie folgt: »Die Nase wird gegen die Wange gedrückt, dann wird durch die Nase eingeatmet, wobei die Lider gesenkt werden; schließlich gibt man sich einen Schmatzer.«[30]

Der »olfaktorische Kuss«, wie Havelock Ellis ihn nannte, war in Afrika wohl bekannt. »Wenn in Gambia ein Mann eine Frau begrüßt, nimmt er ihre Hand, legt sie an seine Nase und riecht zweimal am Handrücken. Unter den Itsekiri an der nigerianischen Küste reiben die Mütter ihre Kinder mit Wangen oder Mund, doch sie küssen sie nicht. Auch Liebende küssen sich nicht, obwohl sie einander drücken, liebkosen und umarmen. Unter den Suahelis gibt es den olfaktorischen Kuss, und kleinen Jungen wird beigebracht, dass sie vor Besucherinnen die Kleider hochheben, die dann spielerisch am Penis des Kindes riechen; von einem Kind, das dies tut, sagt man, dass es ›Tabak gibt.‹[31]

In Gesellschaften, die Bedenken gegen das Küssen haben, lecken die Menschen das Gesicht ihres Liebespartners, saugen daran, reiben es, nagen leicht daran, blasen oder tätscheln es.

---

30 Ebenda, S. 115.
31 Havelock Ellis, *Studies in the Psychology of Sex, IV Sexual Selection in Man*, Philadelphia 1914, S. 215–222 (The Origins of the Kiss).

»Nein, so was ...!«-Küsse

:-*

Übereinstimmend mit seiner darwinistischen Vorstellung, dass der erotische Kuss ein Kennzeichen fortgeschrittenerer Zivilisationen sei, erklärte Havelock Ellis, dass der Kuss »gewöhnlich nicht bei primitiven und unzivilisierten Völkern« anzutreffen sei.[32] Doch die moderne Forschung kam zu der Erkenntnis, dass das Küssen bei fast jeder Kultur auf der Erde gebräuchlich ist. Den Anthropologen zufolge praktizieren 90 Prozent der Menschen das Küssen.

Küsse für Kartoffeln und Tabak

:-x

Europäische Forscher führten in vielen Kulturen Afrikas, des Pazifik und des amerikanischen Kontinents die Praktik des Küssens ein. In diesen Gesellschaften, in denen das Küssen anscheinend sowohl im erotischen als auch im rituellen Leben eine weniger ausgeprägte Rolle spielte, schien es als widerlich oder als ekelhaft und der Austausch von Speichel als abstoßend gegolten zu haben. Einige Forscher machen darauf aufmerksam, dass diese Gesellschaften das Küssen vielleicht als zu intim ansehen, um mit Fremden darüber zu reden. Mit anderen Worten: Vielleicht praktizieren sie das Küssen, sprechen aber nicht darüber. Bei den Lappen hatten Mann und Frau keine Bedenken, gemeinsam nackt zu baden, doch das Küssen war tabu.

---

32 Ebenda.

Seelenvolle Küsse

»Ihr Mund saugt mir die Seel' aus.«
Marlowe

Einige afrikanische Stämme küssten sich nicht auf den Mund, weil dieser als Tor zur Seele galt, sodass durch den Kuss Seelen geraubt oder Keime und sogar der Tod übertragen werden konnten. In alten Zeiten glaubten Liebende offensichtlich, dass ein Kuss ihre Seelen vereinen würde, weil der Geist, wie es hieß, dem Atem innewohnte.

»Die Lippen vereinigen die Seelen
der Liebenden durch den Kuss.«
Percy Bysshe Shelley, *Der entfesselte Prometheus*

Alfred Grandidier, der französische Naturwissenschaftler und Forscher des 19. Jahrhunderts, bemerkte, dass »der unsichtbare Atem, der ständig durch die Lippen ausgestoßen wird, für die primitiven Völker nicht nur wie bei uns ein Zeichen des Lebens ist, sondern auch eine Emanation der Seele – deren Duft, wie sie selbst sagen –, und wenn sie ihren Atem mit dem des anderen vermischen und dessen Duft einatmen, glauben sie, dass sie tatsächlich die Seelen austauschen.«

Das Einsaugen der Seele ist seit jeher eine Lieblingsallegorie der poetischen Avantgarde. Lord Alfred Tennyson schrieb: »Einst zog er mit einem langen Kuss meine ganze Seele durch meine Lippen, so wie das Sonnenlicht den Tau trinkt.« Und Robert Browning überlegte in *A Toccata of Galuppi's*: »Was von der Seele war übriggeblieben, frage ich mich, als der Kuss beendet werden musste?«

Vampirküsse

:*~

Der Vampirkuss ist das Gegenteil des traditionellen seelenvollen Kusses. Statt die Seele zu nähren, saugt der Vampirkuss das Leben aus, erlaubt dem Bösen einzudringen und zerstört den inneren Halt. Ein Vampirkuss bedeutet den moralischen Tod – er raubt die Seele und den Frieden himmlischer Ruhe. Entweder stirbt man auf der Stelle oder schließt sich der Legion der Untoten an, die Jagd auf die Lebenden machen und jeglichen Anstand zerstören. Ein abgemildeter Vampir entwickelt sich zum unabhängigen Vampir. Doch in Kulturen, in denen das Küssen verachtet wurde, musste vielleicht nicht nur die Seele geschützt werden.

Das Verbot des Küssens

:-*

Vermutlich ist das Küssen in einigen Gesellschaften aus kulturellen Gründen verschwunden. Bei vielen afrikanischen Stämmen war es verboten, insbesondere bei denen mit Gesichtsverstümmelungen. »Das Verzieren weiblicher Lippen mit Ringen und anderen verstümmelnden Gegenständen und die weitverbreitete Praktik der Klitorektomie und Infibulation (Verschließung der Geschlechtsteile) ist vielleicht«, so Adrianne Blue, »ein Versuch, die weibliche Sexualität zu unterdrücken.« William Winwood Reade erinnert sich in seinem Reisetagebuch *Savage Africa* (ca. 1862), wie entsetzt eine junge Afrikanerin war, als er sie küsste.

Öffentliche Zurschaustellung von Zuneigung

:-x

In vielen Teilen der Welt gilt es auch heute noch aufgrund kultureller Bräuche, der Gesellschaftsschicht und/oder des religiösen Glaubens als unschicklich, sich in der Öffentlichkeit zu küssen. 1990 schrieb der in Beijing herausgegebene *Worker's Daily* Folgendes: »Die europäischen Invasoren brachten den Brauch des Küssens nach China, doch er wird als eine unanständige Praktik betrachtet, die nur allzu sehr an den Kannibalismus erinnert.«[33]

> *»Himmel, was muss das für ein Narr gewesen sein,*
> *der das Küssen erfunden hat!«*
> Jonathan Swift

---

33 Joshua Foer, *The Kiss of Life*, *New York Times*, 14. Februar 2006.

EVOLUTIONÄRE KÜSSE

Hühner- oder Ei-Küsse

:-X

Wenn das Küssen kein weltweit ausgeübter Brauch ist, wie soll man dann entscheiden, ob es ein angeborenes Merkmal wie die Sprache und das Lachen ist oder eine angelernte Verhaltensweise? Sind wir genetisch prädisponiert, die Lippen zu spitzen, oder ist es eine Geste, die uns wie ein Leidenschaftsvirus befallen hat?

Bei den Wissenschaftlern herrscht hierüber kein Konsens, auch wenn die meisten sich darin einig sind, dass die Bewegungen des Saugens und des Küssens in Wechselbeziehung zueinander stehen. Das Saugen, ein angeborenes Merkmal, bei dem dieselben Muskeln verwendet und dieselben Bewegungen vollführt werden wie beim Küssen, wird als »offener Instinkt« angesehen, und das Gen-Gut wird durch das Lernen ergänzt. Unsere Fähigkeit zu saugen wird mühelos ins Küssen verwandelt.

Die Ungeküssten

:*~

Als empfindungsfähige Wesen benötigen wir zweifellos Zuneigung. Wir wollen berührt und geliebt werden. Babys sind genetisch darauf programmiert, auf eine Bezugsperson ausgerichtet zu sein. Diese Neigung wird als »Monotropie« bezeichnet.

Im 20. Jahrhundert stellte man bei einem schrecklichen Experiment fest, dass Kinder, die in Waisenhäusern aufwuchsen, wo sie pünktlich ihre Mahlzeiten erhielten, aber kaum je geküsst, geknuddelt oder umarmt wurden, häufig die Lebenslust verloren und an einer Krankheit starben, die »infant marasmus« genannt wurde, was wörtlich »dahinschwinden« heißt.[34]

Babel-Küsse

:-*

Laut der *Chronik des Salimbene* aus dem 13. Jahrhundert wollte der deutsche Kaiser Friedrich II. herausfinden, welcher Sprache sich Kinder bedienen würden, wenn niemand je mit ihnen sprach, und somit feststellen, »welche Sprache Gott Adam und Eva mitgegeben hatte«. Er wählte ein paar Neugeborene aus und wies die Ammen an, sie zu stillen, aber nicht zu knuddeln oder mit ihnen zu reden. Wiederum starben alle Babys, »denn die Kinder konnten »ohne ein Tätscheln ihrer Hände oder ähnliche Gesten und ohne Ermunterung und liebevolle Worte« nicht leben.

Nährende Küsse

:-x

Einige Anthropologen haben vermutet, dass das Küssen auf den Mund eine »Überbleib-Geste« darstellt und die evolutionären Ursprünge der »Kuss-Bewegung« in der Mund-zu-Mund-Fütterung zu suchen sind, wie sie vor der Zeit der Babynahrung üblich war. Die

---

34 Adrianne Blue, *On Kissing*, Indigo Edition 1997, S. 27.

Schimpansen füttern ihre Jungen auf diese Art, ebenso eine Reihe anderer Tierarten, woraus die Anthropologen ableiteten, dass unsere menschenartigen Vorfahren höchstwahrscheinlich ebenso verfuhren. Die gespitzten Lippen auf die Lippen der Sprösslinge zu pressen hat sich dann wohl in einer Zeit, in der die Nahrung knapp war, als Methode entwickelt, hungrige Kinder zu beruhigen, und später dann, um Liebe und Zuneigung auszudrücken. Die Menschen haben dann eventuell diese proto-elterlichen Küsse in andere Richtungen entwickelt, bis wir diese leidenschaftlicheren Variationen erfanden, wie wir sie heute kennen.[35]

Einige Stämme füttern ihre Kinder weiterhin von Mund zu Mund. Die Kinderfürsorge-Gewohnheiten der kriegerischen Yanomami in Venezuela muten einen Menschen aus dem Westen fremdartig an: Die Eltern »haben keine Scheu, den Penis ihres Jungen zu küssen oder daran zu saugen, um das Kind in eine bessere Stimmung zu versetzen«. Dieser Trick war offensichtlich bei den Gouvernanten des 19. Jahrhunderts sowohl in Europa als auch in Amerika wohlbekannt.[36]

Gierige Küsse

:-X

Liebende auf der ganzen Welt reichen dem geliebten Menschen Nahrung und Getränke zwischen mehreren Küssen. Tatsächlich ist das Küssen selbst als eine Form unstillbaren Hungers eine bekannte poetische Allegorie. Das Thema des berühmten Gedichts des römischen Schriftstellers Catull, in dem er Hunderte, dann Tausende von

---

35 Walter Chip, *Affairs of the lips*, Why We Kiss, *Scientific America*, 31. Januar 2008.
36 Adrianne Blue, *On Kissing*, Indigo Edition 1997, S. 63.

Küssen von seiner Geliebten verlangt, ist sicherlich das einer unersättlichen Liebe:

> *»Gib mir tausend Küsse,*
> *dazu noch hundert,*
> *nochmals tausend und noch*
> *ein zweites Hundert,*
> *dann noch weitere tausend*
> *und noch hundert.*
> *Haben wir erst einmal*
> *viel tausend beisammen,*
> *wollen wir sie durcheinanderwerfen.«*

Byron wünscht sich: »Hätten die Frauen doch nur einen rosigen Mund, um sie alle auf einmal zu küssen, von Norden bis Süden.« Sicherlich stellt der romantische Kuss eine Rückkehr zu der ursprünglichen sinnlichen Erfahrung des Schmeckens einer anderen Person dar. Wenn wir küssen, verschlingen wir den anderen durch die Liebkosung. Wir verzehren ihn gewissermaßen, sorgen aber dafür, dass er gegenwärtig bleibt. Adam Philips drückt dies auf unterhaltsame Weise so aus: »Bei einer groben psychoanalytischen Deutung könnte das Küssen als zielgehemmtes Essen beschrieben werden. Wir sollten auch die unsinnigere Option in Erwägung ziehen, dass das Essen ebenfalls, wie Freud impliziert, zielgehemmtes Küssen sein kann.«[37]

---

37 Adam Philips, *On kissing tickling and being bored*, Cambridge, Massachusetts, 1994, S. 97.

Freudsche Küsse
Alles über die Brüste

:*~

»Wer ein Kind gesättigt von der Brust zurücksinken sieht, mit geröteten Wangen und seligem Lächeln in Schlaf verfallen, der wird sich sagen müssen, dass dieses Bild auch für den Ausdruck der sexuellen Befriedigung im späteren Leben maßgebend bleibt«, schrieb Freud in *Drei Abhandlungen zur Sexualtheorie* (1905).

Für Freud bedeutete der Kuss die unbewusste Rückkehr zum Saugen an der Mutterbrust. Diese Erfahrung – die Benutzung der Zunge und der Lippen, der Geruch von Körper und Haut und die Berührung des Gesichts – deutet darauf hin, dass jeder Kuss von Kindheit an ein tief empfundenes Echo der Zuneigung, des Vergnügens und des Wohlgefühls darstellt und dem Küssen seine emotionale Kraft verleiht.[38]

Es besteht jedoch ein deutlicher Unterschied zwischen einem Kind, das Milch aufnimmt, und zwei Erwachsenen, die sich küssen. In der Kindheit ist der Fluss einseitig; das Kind wird schließlich gesättigt sein, wogegen der Hunger des Erwachsenen nur zunehmen kann; in diesem Fall ist der Hunger das Verlangen.

Andere Kommentatoren haben die sexuelle Korrelation beobachtet: dass die Lippen eine verblüffende Ähnlichkeit mit den Schamlippen haben und dass Frauen auf der ganzen Welt die Form ihrer Lippen betonen und färben, um sexuelle Erregung zu simulieren, wie Tiere in der Brunft.

---

38 Leonore Tiefer, *The Kiss – A 50th Anniversary Lecture*, The Kinsey Institute, 24. Oktober 1998.

Oder vielleicht ...
Ein Freudscher Versprecher

:-***

Nicht jeder stimmt Freuds Analyse zu. In der Humanethologie von Irenäus Eibl-Eibesfeld wird angeführt, dass »Freud die Richtung der Evolution falsch gelesen hat. In erster Linie entfalteten sich die Muster der Liebkosung im Rahmen der elterlichen Betreuung (Ernährung des Kindes), und erst in zweiter Linie dienten sie als Vorbereitung für das Verhalten bei der Werbung.«

> *»Was bedeutete das eigentlich, küssen? Du recktest das Gesicht einfach hoch, um gute Nacht zu sagen, und dann beugte die Mutter ihr Gesicht herunter. Das hieß küssen. Seine Mutter legte die Lippen auf seine Wange: ihre Lippen waren sanft, und sie nässten seine Wange; und sie machten ein winzig kleines Geräusch: küss. Warum machte man das mit zwei Gesichtern?«*
>
> *Ein Porträt des Künstlers als junger Mann.* James Joyce, 1916

Küsse auf zwei Füßen

:-x

Die senkrechte Stellung der Menschen und die emotionale Wirkung des Augenkontakts zwischen zwei Menschen vertieft die Intimität der Geste noch mehr.

Tierküsse

:-X

Das Tierleben bietet zahlreiche Analogien: da ist das Turteln der Vögel, das Spiel der Fühler der Insekten. Viele Säugetiere lecken einander die Schnauze. Dennoch sollten wir sie nicht anthropomorphisieren und in den Gesten mehr als den Akt des Pflegens sehen. Was wir als küssen deuten, ist eher das Beschnuppern der Duftdrüsen im Gesicht oder im Mund. Doch wenn sich Tiere auf diese Weise berühren, zeigen sie häufig Zeichen des Zutrauens oder entwickeln soziale Bande. Die Schimpansen geben sich sogar flüchtige platonische Küsse auf die Lippen. Lediglich die Menschen und unsere lasziven Primaten-Vettern, die Bonobos, praktizieren den Zungenkuss, aber die Tatsache, dass andere Primaten küssen, verleiht der Vorstellung, dass der Wunsch zu küssen instinktiv ist, Glaubwürdigkeit.

Affenliebe

:*~

Die Bonobos gelten als friedliebende, matriarchalische und sexuell freizügige Primaten. Sie gelten als »engste Verwandte« des Menschen, und es heißt, dass »jeder Bonobo – ob Weibchen, Männchen, Junges, von hohem oder niedrigem Status – Küsse sucht und darauf reagiert«.[39]

Der Bonobo-Experte Frans de Waal schildert in seinem Artikel *Tension Regulation and Non-reproductive Functions of Sex in Captive Bonobos* die verschiedenen Sexualgewohnheiten dieser Primaten, die,

---

39 Ebenda, *Der Kinsey Report*.

wie er feststellte, nicht nur auf die Fortpflanzung ausgerichtet waren und mehr mit den Sexualpraktiken der Menschen gemeinsam hatten. Ihr Sexualleben war abwechslungsreich und auf Lust ausgerichtet, diente aber auch zur Lösung von Konflikten und zum Abbau von Spannungen. Er beobachtete auch 43 Küsse, darunter »extensive Zungenküsse«. Doch seine Entdeckungen wurden vor kurzem von seinem Kollegen, dem Primatologen Gottfried Hohmann, unter die Lupe genommen, der die Tiere in der Natur beobachtet hatte. »Zungenküsse bei Affen? Etwas Besseres fällt Ihnen wohl nicht ein?«[40]

Das Schmusen zwischen den Arten

:-*

»O je! Holt Jod und heißes Wasser, ein Hund hat mich geküsst.«
Lucy Van Pelt in *Peanuts* von Charles Schulz

Wir Menschen sind nicht sonderlich wählerisch und überschütten gern alle möglichen Lebewesen mit Zuneigung, was jedoch, wie jeder Tierliebhaber behaupten wird, keine einseitige Angelegenheit ist. Die berühmte amerikanische Zoologin Dian Fossey, die eine Langzeitstudie zum Verhalten von Gorillas durchführte, beschreibt in ihrem Tagebuch, wie die Gorillaweibchen nach dreijähriger Abwesenheit auf sie reagierten: »Eines von ihnen legte sich neben mich und umarmte mich. Nicht zu fassen, aber sie erinnerte sich.«

---

40 Ian Parker, *Swingers*, *New Yorker*, 30. Juli 2007.

Roboterküsse

:-x

Der erste öffentliche Kuss zwischen humanoiden Robotern war am 27. Dezember 2008 bei einer Roboteraufführung von Szenen aus Phantom der Oper an der National Taiwan University of Science and Technology (Universität für Wissenschaft und Technologie in Taiwan, bekannt als Taiwan Tech) zu sehen. Chyi-Yeu Lin, ein Professor für Maschinenbau, führte bei der Aufführung Regie. Es waren 400 Zuschauer anwesend. Im überfüllten Zuschauerraum wurden Jubelrufe laut, als Christine (gespielt vom Roboter Janet) und das Phantom (gespielt vom Roboter Thomas) sich küssten. Lins Team arbeitete drei Jahre an der Entwicklung der Hand-Augen-Koordination der Roboter, der Gleichgewichtsmechanismen und anderen Technologien.

Über Froschküsse

:-X

Das Mädchen und der Frosch sind ein berühmtes literarisches Beispiel für Küsse zwischen den Arten. Was die Liebe angeht, wird das schöne Geschlecht gewarnt, dass es viele dieser Frösche küssen muss, um den Prinzen zu finden. Es ist unklar, woher dieses Motiv stammt, aber seine Bedeutung wird allgemein anerkannt.

> MISS PIGGY: »Kermit, hast du schon bemerkt, dass du mich jedes Mal, wenn ein hübsches Mädchen in der Show auftritt, vergisst?«
> KERMIT: »Hm, nun, selbst wenn eine Robbe in der Show mitmachen würde, würde ich dich vielleicht vergessen.«

MISS PIGGY: »Er versucht so verzweifelt, seine Liebe zu mir zu verbergen.«[41]

Die Entwicklungspsychologie des Küssens

»Die Entscheidung, sich zum ersten Mal zu küssen, ist die wichtigste in jeder Liebesbeziehung. Es verändert die Beziehung von zwei Menschen wesentlich stärker als letztendlich die Kapitulation; denn dieser Kuss trägt die Kapitulation schon in sich.«

Emil Ludwig

Küsse zwischen besten Freunden

Wie schon erwähnt, ist die sexuelle Selektion aus darwinistischer Perspektive der Schlüssel, um seine Gene weiterzugeben. Bei den Menschen ist die Wahl des Partners häufig gleichzusetzen mit Sich-verlieben. So spielt das Küssen beim Werben/der Paarung eine wichtige Rolle. In einer im September 2007 veröffentlichten Studie befragte Gordon Gallup 1041 College-Studenten beider Geschlechter über die Romantik beim Küssen.[42] Ihre Ergebnisse zeigten deutliche Unterschiede zwischen den Geschlechtern hinsichtlich der Bedeutung des Kusses.

---

41 *The Muppet Show*, 10. August 1976 (Season 1, Episode 15).
42 Gordon G. Gallup, Jt. Marissa, A. Harrison, Susan M. Hughes, *Sex Differences in Romantic Kissing Among College Students: An Evolutionary Perspective On Evolutionary Psychology.* www.epjournal.net – 2007.5(3):612–631.

Venusküsse

:-x

»Frauen erinnern sich noch an den ersten Kuss,
wenn der Mann den letzten schon vergessen hat.«
Remy de Gourmont

Frauen messen dem Küssen als »Mittel zur Partnerbewertung« sowie als Mittel, eine Beziehung mit einem langfristigen Partner anzuknüpfen und den Status dieser Beziehung aufrechtzuerhalten und zu kontrollieren, mehr Bedeutung bei als Männer. Das ist angesichts ihres größeren elterlichen Engagements und ihres begrenzten Fortpflanzungspotentials nicht weiter verwunderlich. Frauen besitzen im Vergleich zu Männern auch einen besseren Geruchs- und Tastsinn, der sich während des Eisprungs noch verstärkt, was ihnen ermöglicht, potentielle Partner besser einzuschätzen. Für Frauen war ein wichtiges körperliches Merkmal bei der Entscheidung, jemanden zu küssen, der Zustand der Zähne. Frauen fanden auch, dass ein Mann, der schlecht küsste, als potentieller Partner wenig begehrenswert war.

Marsküsse

:-X

»Ein Mann raubt den ersten Kuss, bettelt um den zweiten,
fordert den dritten, nimmt sich den vierten,
akzeptiert den fünften und erträgt den Rest.«
Helen Rowland

Im Gegensatz dazu legen Männer, wie nicht anders zu erwarten, weniger Wert aufs Küssen. Sie scheinen das Küssen dazu zu nutzen, die Wahrscheinlichkeit, Sex zu haben, zu erhöhen. Männer messen auch der Anziehungskraft des Gesichts und des Körpers mehr Bedeutung bei. Außerdem spielt das Gewicht eine Rolle. Männer bevorzugen die feuchten Küsse um einiges mehr. Es ist anzunehmen, dass die Kussarten, die den Speichelaustausch erhöhen, unterschwellig über die Gebärfreudigkeit einer Frau informieren, da der Speichel und der Geruch des Atems sich während des Menstruationszyklus verändern. Es kann jedoch auch sein, dass Männer besonders feuchte Küsse als ein Zeichen größerer sexueller Bereitschaft seitens ihrer Partnerin betrachten. Insgesamt gesehen haben Untersuchungen ergeben, dass Männer viel eher als Frauen der Meinung sind, dass das Küssen die Vorstufe zum Sex sein sollte.

> *»Mit dem Alkohol ist es wie mit der Liebe«, sagte er.*
> *»Der erste Kuss ist magisch, der zweite vertraut, der dritte schon Routine.*
> *Danach dann zieht man das Mädchen aus.«*
> Raymond Chandler

Postkoitale Küsse

:*~

Beide Geschlechter waren sich darin einig, dass die Initiative zum Küssen nach dem Sex eher von den Frauen ausgeht. Dies bestätigt einmal mehr, dass Männer nach dem Sex dazu neigen, sich hastig zurückzuziehen und sich physisch und emotional zu distanzieren, um die Wahrscheinlichkeit der Bindung an und des Engagements für flüchtige Sexualpartner zu reduzieren. Außerdem berichten sowohl Männer als auch Frauen, dass die Fähigkeit, gut zu küssen, dazu beiträgt, jemanden zu einem »guten Liebhaber« zu machen.

Es begann mit einem Kuss ...

:-*

> »Ein Kuss symbolisiert die Kunst der Überredung
> zum späteren Geschlechtsverkehr.«
> Autor unbekannt

Beide Geschlechter sehen im Küssen einen Vorgang, der die sexuelle Erregung und Aufnahmebereitschaft erhöhen und womöglich den Geschlechtsverkehr erleichtern kann. Robert de Blois, ein Troubadour aus dem 13. Jahrhundert, drückte dies in seinem Leitfaden für das Verhalten von Frauen, *Le Chastiement des Dames*, etwas poetischer aus: »Der Kuss führt zu weiteren Dingen, und wenn er einer Frau so gefällt, dass sie ihn will und sich ihn ersehnt, besteht über den weiteren Verlauf der Dinge kein Zweifel.«

Voltaire pflichtet dem bei und warnt: »Man beachte die Gefahr: Es gibt einen Nerv ... der vom Mund bis zum Herzen und dann weiter nach unten führt. Die Natur hat alles mit großem Zartgefühl bedacht. Die kleinen Drüsen der Lippen, ihr weiches, samtenes Gewebe, die zarte, kitzelige Haut sorgen für ein herrliches, wollüstiges Gefühl. Ihre Ähnlichkeit mit einem verborgeneren und noch empfindsameren Körperteil lässt sich nicht übersehen. Die Sittsamkeit mag unter dem ausgedehnten genussvollen Kuss zwischen zwei achtzehnjährigen Pietisten leiden.«[43]

---

43 Voltaire, *Philosophical Dictionary*, Penguin Classics 1972.

Küssen und Intimität

:-x

Unser guter Freund Nyrop schreibt, dass es keinen erhabeneren irdischen Genuss gibt als einen romantischen Kuss. Dem stimme ich voll und ganz zu. Denn ist es nicht so, dass das Herz vor dem ersten »Liebes«-Kuss vor Vorfreude fast zerspringt? Dieses Aufeinandertreffen der Lippen, der Zungen ist zweifellos sehr intim – entfacht ein Feuerwerk der Sinne. Beim Küssen gibt es keinen Unterschied zwischen Geben und Nehmen, da die Lippen der Liebenden miteinander verschmelzen. »Gibt oder empfängt man beim Küssen?«, fragt Cressida in *Troilus und Cressida*. Adrianne Blue beschreibt den erotischen Kuss als gegenseitiges Eindringen in die Sinnenoase des Gesichts. Tatsächlich betrachten viele den romantischen Kuss als einen intimeren Akt als Sex. Es ist kein Zufall, dass jene Liebesgeschichten, die als Mythos gelten, sich oft des Kusses statt des Koitus bedienen, um sexuelle Liebe und Intimität darzustellen. Wenn dagegen Sex gegen Geld geliefert wird, z. B. bei der Prostitution und der Pornographie, fehlt gewöhnlich der Kuss (doch wenn sich die Pornofilme speziell an weibliche Zuschauer richten, ist Küssen mit eingeschlossen). Oft verweigern Prostituierte ihren Freiern das Küssen, da dies gleichzusetzen ist mit echtem Verlangen und mit der Liebe zu einer anderen Person. Ihre Weigerung, Kunden zu küssen, wird als Technik der emotionalen Distanzierung angesehen.

In einer Szene aus Milan Kunderas *Das Buch der lächerlichen Liebe* spielt ein Paar das »Anhalterspiel«. Die beiden geben vor, Fremde zu sein, die einander aufgegabelt haben. Als sie versucht, ihn zu küssen, weist er sie zurück und sagt: »Ich küsse nur Frauen, die ich liebe.«

Kamasutra-Küsse

:-X

»Jederzeit kann alles geschehen,
denn die Liebe schert sich nicht um Zeit und Reihenfolge.«
Kamasutra

In diesem altindischen Text nimmt das Küssen einen hohen Stellenwert ein. Das Kamasutra, das als wichtigstes Werk in Sanskrit über die menschliche Sexualität gilt, widmet dem Küssen ein ganzes Kapitel. Vatsyayana schrieb, dass es im Fall eines jungen Mädchens drei Arten von Küssen gebe:

Wenn ein Mädchen nur den Mund ihres Geliebten mit ihrem berührt, ansonsten aber nicht aktiv wird, nennt man dies den »nominellen Kuss«.

Wenn ein Mädchen seine Scheu vergisst und die Lippe berühren möchte, die sich in ihren Mund drängt (die Unter-, nicht die Oberlippe), nennt man dies den »bebenden Kuss«.

Wenn ein Mädchen mit der Zunge die Lippe ihres Geliebten berührt, die Augen geschlossen hat und die des Geliebten mit der Hand verdeckt, spricht man vom »berührenden Kuss«.

Es werden auch der direkte Kuss, der geneigte Kuss, der gewendete Kuss, der gepresste Kuss, der Oberlippenkuss und der umklammernde Kuss beschrieben. Auf letztere Art küsst eine Frau nur einen Mann, der keinen Schnurrbart hat. Dieser heilige Text widmet besondere Sorgfalt dem erotischen Kuss, der Ausübung desselben und der damit verfolgten Absicht. Um einen Kuss, bei dem die Liebe entflammt wird, handelt es sich dann, wenn eine Frau das Gesicht ihres schlafenden Geliebten betrachtet und es küsst, um ihre Absicht oder ihr Verlangen zu bekunden. Wenn ein Geliebter spätnachts heimkommt und seine im Bett schlafende Geliebte küsst, um ihr seine Begierde zu zeigen, nennt man dies den Aufwachkuss. Wenn eine Frau den Körper des Geliebten einseift, ihr Gesicht auf seinen Schenkel bettet (als schlafe sie), um seine Leidenschaft zu entfachen, und seinen Schenkel oder seinen großen Zeh küsst, nennt man dies den demonstrativen Kuss und so weiter.

Die Bedeutung des Küssens bei der Liebe wird in *Der duftende Garten* von Scheik Nefzaui erwähnt. Auch die japanische Bettlektüre empfiehlt den Liebenden, den Geschmack des Speichels des Geliebten zu genießen, doch Scheik Nefzaui hat das letzte Wort: »Ein Kuss gehört zu den stärksten Anregungsmitteln, das sich ein Mann oder eine Frau gönnen kann – und ist berauschender als starker Wein.«

Kühle Küsse nach Alex Comfort

:*~

Demgegenüber widmet Alex Comfort in seinem Buch *Freude am Sex* dem Küssen lediglich eine Seite … auch wenn auf dem Cover das Bild eines küssenden Paares gezeigt wird, als Euphemismus für das, was zwischen den Seiten zu lesen ist. »Ein guter Zungenkuss«, wird uns erklärt, »sollte den Empfänger atemlos machen, aber ihn nicht ersticken.«

Küsse mit Hintergedanken

:-*

Voltaire schreibt: »Der Kuss, der von Natur aus für den Mund bestimmt ist, wird häufig auch entwürdigt, indem Haut mit Küssen bedeckt wird, die hierfür nicht bestimmt zu sein scheint. Man erinnert sich, wessen die Templer angeklagt wurden …«[44]

Küsse ohne Lippen

:-x

»Fächerküsse« waren im 18. Jahrhundert eine Methode, zum Küssen aufzufordern. Wenn der Fächer gegen die Lippen gepresst wurde, deutete er die Vorfreude auf einen Kuss an. »Der Druck des Fächers auf den Mund deutete häufig den Grad der Aufrichtigkeit und Leidenschaft an.«[45]

»Schmetterlingsküsse« oder flatternde Lidküsse können dazu genutzt werden, empfindsame Teile des Körpers, wie z.B. die Brustwarzen, die Oberlippe und das Philtrum zu stimulieren. Diese Kussart darf aber nicht mit dem Glasgow Kiss verwechselt werden, was im Glasgower Dialekt Kopfstoß bedeutet.

>*»Ein Kuss mit der Faust ist immer noch besser als keiner.«*
>Florence And The Machine

---

44 Voltaire, *Philosophical Dictionary*, Penguin Classics 1972.
45 Colin Blakemore, Jennett Sheila, *Kiss The Oxford Companion to the Body*. Oxford University Press, 2001. Encyclopedia.com. 27. August 2009.

Liebe im alten Rom

:- X

Die alten Römer kannten drei Arten von Küssen: *oscula*, d. h. Freundschaftsküsse, *basia*, Liebesküsse, und *suavia*, leidenschaftliche Küsse. *Basia coniugibus, sed oscula dantur amicis. Suavia lascivis miscantur grata labellis.* Auf Deutsch: »Die basia werden den Ehefrauen gegeben, aber die oscula den Freunden. Mögen laszive Lippen leidenschaftliche Küsse austauschen.«

Atemlos vom Küssen – eine schwindelerregende Vielfalt

:* ~

Das Kamasutra hebt hervor, dass es »den« Kuss nicht gibt. Der Kuss kann auf vielfältige Weise und auf die unterschiedlichsten Körperteile gegeben werden. Diese fließende Geste lässt sich nicht klassifizieren, und wir wollen uns hier auf die Küsse konzentrieren, die eine Bindung erzeugen. Dabei könnten wir mit keinem besseren Kuss beginnen als dem allerersten, mit dem wir gewöhnlich in diesem Leben empfangen werden.

BINDUNGEN ERZEUGENDE KÜSSE – VOM HERZLICHEN ZUM EROTISCHEN KUSS

»Na, na«-Küsse

:-*

»Der erste Kuss der Mutter lehrt das Kind Liebe.«
Giuseppe Mazzini

Vom Augenblick unserer Geburt an werden wir mit Küssen willkommen geheißen, und während unserer ersten Lebensjahre, in denen wir versuchen, auf die Beine zu kommen und unsere Sinne zu entwickeln, werden wir mit »Küss es heile«-Platitüden sowie »Na, na«-Versicherungen des Trosts und der Beruhigung überhäuft.

Streich darüber, gib einen Kuss darauf,
Streich darüber, gib einen Kuss darauf,
Streichel sie, segne sie:
Drei Tage Regen, drei Tage Sonnenschein
Dann wird die kleine Hand wieder heile sein.

Mütterliche Küsse

:-x

Marcel Proust schrieb hundert leidenschaftliche Seiten über einen mütterlichen Kuss. In *Auf der Suche nach der verlorenen Zeit* erinnert sich der Siebenjährige, wie ihm seine Mutter einen Gutenachtkuss gab:

> »Mein einziger Trost war, wenn ich schlafen ging, dass Mama, wenn ich im Bett läge, heraufkommen und mir einen Kuss geben würde. …
> (Doch) sie ging so bald schon wieder, dass der Augenblick, da ich sie heraufkommen und dann in dem Gang mit der Doppeltür das leichte Rascheln ihres Gartenkleides aus blauem Musselin mit kleinen stroh-geflochtenen Quasten hörte, für mich ein schmerzlicher Augenblick war.
> Er kündigte bereits den nächsten an, der auf ihn folgen sollte, wo sie mich verlassen haben und wieder unten sein würde …
> Als sie ihr liebevolles Antlitz über mein Bett neigte und es mir darbot wie die Hostie einer Friedenskommunion, bei der meine Lip-pen ihre leibhaftige Gegenwart und die Kraft einzuschlafen von ihr empfingen.«

Und er fährt fort:

> »Ich fragte sie oft«, sagt Farjeon, »wenn ich meine naseweise Tour hatte, ›Mutter, was gibt es heute zum Essen?‹ ›Brot, Käse und Küsse‹, erwiderte sie fröhlich. Dann wusste ich, dass sie eines unserer Lieb-lingsgerichte zubereitet hatte, und freute mich. Bis heute haben die Begriffe Brot, Käse und Küsse eine positive Bedeutung für mich, denn sie beinhalten Zufriedenheit, Fröhlichkeit, die Ausübung angenehmer

*Verrichtungen und liebevolle Gedanken. Kurzum: Sie waren gleich-
zusetzen mit Zuhause.«[46]*

Väterliche Küsse

:-X

Der Kuss des Vaters, auch wenn er anders ist, hat denselben Stellen-
wert wie der der Mutter. Homer beschreibt auf sehr anrührende
Weise, wie Hektor sich von Frau und Kind verabschiedet, um auf das
Schlachtfeld zurückzukehren.

*»Und damit streckte hektor nun die hand nach seinem jungen aus –
doch der drückte sich an den breiten busen seiner amme und hob laut
zu greinen an, vom anblick seines vaters vollkommen verstört; der
bronzehelm hatte ihn erschreckt, der busch aus rosshaar oben am bügel,
der vor seinem gesicht fürchterlich hin- und herwippte. Da brach sein
vater in lachen aus, seine mutter stimmte schließlich auch mit ein
und der große hektor nahm schnell den helm vom kopf und setzte ihn
in allem seinem funkeln auf dem boden ab. Er nahm seinen liebling in
die arme, warf ihn hoch und küsste seine backen; dann sprach er ein
gebet an zeus und die anderen unsterblichen ...«*
Aus: Homer, *Ilias*. Übertragen von Raoul Schrott, Carl Hanser
Verlag, München 2008

---

46 C. C. Bombaugh, *The Literature of Kissing*, J. B. Lippincott & Co 1876, S. 5.

Familiäre Küsse

Sogar an Orten, an denen die Zurschaustellung von Zuneigung verpönt ist und erotische Küsse als unmoralisch gelten (sofern sie nicht zwischen Eheleuten erfolgen), ist es Brauch, dass sich Familienmitglieder küssen.

In der Antike gab es das sogenannte *jus osculi*, bei dem eine Frau von all ihren weiblichen Verwandten geküsst werden durfte. Im Zusammenhang mit dem Ursprung dieses Gesetzes gibt es verschiedene seltsame Geschichten. Die bekannteste besagt, dass es dem Küssenden die Möglichkeit bot, herauszufinden, ob eine Frau (der es verboten war, Wein zu trinken) in seiner Abwesenheit Alkohol getrunken hatte.

Doch man stellte fest, dass es den familiären Küssen irgendwie an Pepp fehlte.

> *»Seine Schwester zu küssen ist nicht besonders unangenehm, aber es ist nur eine sachliche Angelegenheit. Nett, aber nicht erotisch. Küsst man eine Kusine, verhält es sich etwas anders. Das Ganze bekommt eine pikante Note, insbesondere, wenn die Kusine als gefährlich gilt. Die Schwester oder Kusine von jemand anderem zu küssen übertrifft all dies, wie Eis und Kuchen Brot und Marmelade übertreffen.«*[47]

Laurence Sterne nannte es »Fleisch und Blut mit einem Engel im Inneren«.

---

47 *Bruce Herald*, Volume XVIII, Issue 1833, 25. Februar 1887.

Der erste Kuss

:-*

Zurück zu der Zeit und zu der Stelle, an der die ersten Intimitäten ausgetauscht wurden, viele heimliche Briefchen übergeben wurden, die die Verliebtheit des Verfassers bekundeten, und jungfräuliche Lippen andere jungfräuliche Lippen berührten. Die meisten erinnern sich an diese unangenehme Zeit zwischen der Kindheit und dem Erwachsensein. Auch wenn man sich noch so sehr bemüht, sie zu vergessen, einige Erinnerungen haben sich grundlegend ins Bewusstsein gegraben und prägen jeden Atemzug unseres Lebens.

Die ersten Küsse[48] werden nicht nur hinter Fahrradschuppen ausgetauscht, sondern auch in örtlichen Parks[49] und dann bei Einbruch der Nacht in der Schuldisco.[50]

Oh, was für eine Qual …

---

48 Vor kurzem wurde in England und Wales das Fummeln hinter Fahrradschuppen verboten. In dem Bemühen der Regierung, Kinder vor Missbrauch zu schützen, verbietet ein Gesetz Teenagern unter 16, irgendwelche sexuellen Aktivitäten auszuüben – angefangen beim Fummeln bis zum Geschlechtsverkehr. Darin eingeschlossen könnte das Küssen sein, obwohl die Regierung den Teenagern versichert hat, dass Küsse im gegenseitigen Einverständnis nie bestraft wurden oder werden. Giles Wilson, *Teenage kissing: The new sex crime*? BBC News Online-Magazine.
49 Teenager, bekannt als »Pokemones«, schockieren in Chiles örtlichen Parks die Öffentlichkeit. An einem typischen Freitagnachmittag treffen sich in Santiago Hunderte junger Leute, um mit sexuellen Praktiken zu experimentieren, ungeachtet der übrigen Parkbesucher. In Südafrika hingegen ist es Jugendlichen unter 16 gesetzlich untersagt, öffentlich Zuneigung zur Schau zu stellen. Dies hat zu starken Protesten der Teenager im ganzen Land geführt, die überall in Kuss-a-thons an öffentlichen Plätzen gipfelten.
50 In einem Bezirk von Jakarta, Indonesien, nehmen Hunderte von Jugendlichen an einem höchst unüblichen Kuss-Ritual (omed-omedan) teil. Dabei stehen Männer auf der einen Seite, die Frauen auf der anderen. Sie erwählen Freunde als »Küssende«, bis jedes Mitglied der Gruppe an der Reihe war.

Der Liebeskuss oder Kniezitterer

:-x

… Du hast dich nach dieser Berührung der Lippen, seiner Lippen auf deinen gesehnt und davon geträumt, und mit weit aufgerissenen Augen, pochendem Herzen und rauschendem Blut – einem bebenden Durcheinander – hältst du ihm die Lippen entgegen, und die Welt öffnet sich unter dir … alles ist möglich … du erlebst den Augenblick der Augenblicke, bist kurzfristig verloren … und wirst gefunden.

Unter Liebenden bedeutet ein Kuss alles. Sokrates erklärt: »Nichts schürt das Feuer der Liebe so sehr wie Küsse.«

> *»Ein langer, langer Kuss, der jung, verliebt*
> *Und schön ist, wie das Sonnenlicht erst weit,*
> *Dann nah, und den der Himmel nährend gibt –*
> *Ein solcher Kuss gehört zur Anfangszeit.«*

Lord Byron
Übersetzt von Christophe Fricker

Doch seit undenklichen Zeiten wurden die Männer vor der subversiven Macht eines Kusses gewarnt. Eine bekannte Maxime lautete, dass ein Mann, wenn ihn die Liebe erwischte, Gefahr lief, verweichlicht zu werden.

> *»… denkst (du) nicht, dass die schönen Jünglinge durch ihren Kuss etwas einflößen, weil du davon nichts siehst! Und du weißt nicht, dass das Tierchen, welches man Schönheit und Reiz nennt, weit gefährlicher ist als Phalangiten …«*

Xenophons *Denkwürdigkeiten des Sokrates*

Leidenschaftliche Küsse

:-X

Aghhh … die Art, die keine Gnade gewährt, Küsse, bei denen man sich verliert, Küsse, in die man eintauchen kann, die Verlangen stillenden, verzehrenden Liebesküsse … Der große (offensichtlich sehr potente) persische Dichter Hafis schrieb, dass seine Geliebte befürchtete, »seine zu heißen Küsse könnten ihre zarten Lippen versengen«. Das sind Küsse verzehrender Art, die Brandmale der Liebe hinterlassen. Das sind knabbernde, beißende Küsse, *baciare co'denti*, wie die Italiener es bezeichnen, Vorläufer des Vampirkusses.

Andenkenküsse

:*~

Und dergestalt ist die Liebe, dass die Liebenden sich, sofern das Objekt der Begierde nicht anwesend ist, mit Medaillons oder Andenken begnügen müssen oder dem Boden, auf dem der geliebte Mensch sich bewegte … oder in den einsamsten Fällen mit vom Küssen abgenutzten Kissen.

Und noch trauriger …

Die Klage einer alten Jungfer

:-*

Ich habe einen Mund zum Küssen,
Doch niemanden, um zu küssen oder geküsst zu werden.
Ich habe ein Herz in meiner Brust,
aber niemanden, für den es schlägt.

Geraubte Küsse

:-x

Wann sind Küsse am süßesten? Wenn man sie heimlich raubt. (!)

Roman Law definierte solche Küsse als *crimen osculationis*, Küsse, die aufgrund einseitiger Lust und ohne Erlaubnis geraubt werden. Die Bestrafung hing vom Beweis der unkeuschen Absichten des Täters ab und wurde entsprechend dem Rang und dem Status des Geschädigten erteilt. Sie war am strengsten im Fall einer Nonne oder verheirateten Frau.

Die Franzosen drückten es sehr treffend aus: »Un baiser n'est rien quand le cœur est muet« (Wenn das Herz schweigt, ist der Kuss bedeutungslos.) Die Dänen schrieben: »Ein mit Gewalt geraubter Kuss ist wie ein Ei ohne Salz«, und die Deutschen verglichen ihn mit einem Hühnerauge.

1837 zahlte ein gewisser Thomas Saverland für einen geraubten Kuss mit seiner Nase:

»Am Dienstag wurde Caroline Newton angeklagt, Thomas Saverland angegriffen und seine Nase abgebissen zu haben. Der

Kläger, dessen Gesicht eindeutige Zeichen der schweren Verletzung aufwies, die man ihm zugefügt hatte, da der fleischige Teil des linken Nasenflügels völlig abgebissen worden war, sagte aus, dass er am 2. Weihnachtsfeiertag in einer Schankstube gewesen sei, wo auch die Angeklagte und ihre Schwester sich aufhielten. Die Schwester bemerkte scherzend, dass sie ihren Liebsten in Birmingham gelassen und ihm versprochen habe, dass kein anderer Mann sie während ihrer Abwesenheit küssen würde. Der Kläger fühlte sich durch die Bemerkung herausgefordert, insbesondere, da es die Zeit der Weihnachtsfeiertage war. Er umfasste und küsste sie. Sie nahm es gut auf, als Scherz, doch die Angeklagte [ihre Schwester] wurde wütend und sprach sich vehement gegen diese Art von Spaß aus. Der Kläger erklärte ihr, dass er sie ebenfalls küssen würde, wenn sie wütend sei, und versuchte es: Es entstand ein Handgemenge, und sie fielen beide zu Boden. Nachdem sie wieder aufgestanden waren, begab sich der Kläger zum Kamin. Die Angeklagte folgte ihm und schlug nach ihm. Erneut packte er sie, und in dem Handgemenge hörte man ihn plötzlich brüllen: »Sie hat meine Nase im Mund.« Als sie auseinandergingen, blutete seine Nase stark, und die Angeklagte spuckte den Teil davon, den sie abgebissen hatte, auf den Boden. Die Angeklagte, eine korpulente Frau in mittleren Jahren, behandelte die Angelegenheit mit großer Leichtfertigkeit und sagte, es stehe ihm nicht zu, ihre Schwester an einem öffentlichen Platz zu küssen oder zu versuchen, sie zu küssen; sie würden nicht zu dieser Art von Leuten gehören. Wenn sie geküsst werden wolle, dann von ihrem Ehemann, der zudem viel attraktiver wäre, als der Kläger es je gewesen sei, selbst bevor er seine Nase verloren habe. Der Vorsitzende erklärte der Jury, dass es keine große Rolle spiele, wie ihr Urteil ausfalle. Wenn sie sie für schuldig befanden, würde das Gericht ihr keine höhere Geldstrafe auferlegen als einen Schilling, da der Ankläger selbst schuld an der Sache habe. Die Jury sprach sie ohne Zögern frei. Der Vorsitzende erklärte dem Ankläger, dass er den Verlust seiner Nase bedaure, doch wenn er mit Katzen spiele, müsse er damit rechnen, gekratzt zu werden. An die Jury gewandt, sagte der Vorsitzende dann: ›Meine Herren, ich vertrete folgende Meinung: Wenn ein Mann versucht, eine Frau gegen ihren Willen zu küssen, hat sie das Recht, seine Nase abzubeißen, wenn ihr danach zumute ist.‹ ›Und sie aufzuessen‹, fügte ein Rechtsgelehrter hinzu. Dieser Fall sorgte bei allen für großes Gelächter – außer beim Kläger.«[51]

»Nein-heißt-Ja«-Küsse

:-X

»Jedes Mädchen mag Küsse, auch wenn es vielleicht vorgibt, sie zu verachten«, meint Nyrop und fügt hinzu: »Ein Nein ist nicht immer ernst zu nehmen. Wissen Sie, die Ablehnung ist vielleicht nur vorgetäuscht – das Nein einer Frau besitzt häufig eine pikante Note, worauf etwas raffiniertere Liebhaber bauen.«

> *Küss sie sanft, sei aber auf der Hut,*
> *Küss sie, wenn sie ist allein,*
> *Raub deinen Kuss, denn solche Küsse*
> *Sind die süßesten.*[52]

---

51 *Bell's New Weekly Messenger*, 30. April. Archive der *Sydney Gazette* und des *New 7 South Wales Advertiser*, Samstag, 9. September 1837.
52 C.C. Bombaugh, S. 356.

Es erweckt den Anschein, als wenn eine Frau – aufgrund der Tatsache, dass sie Lippen besitzt –, wenn sie nicht gerade herausschreit »Küss mich, küss mich«, diese Worte zumindest haucht. Ist es etwa nicht das Recht der Frau, Zurückhaltung vorzutäuschen? Ein deutsches Sprichwort besagt: »Ich kann das Küssen nicht ertragen, wenn ich nicht irgendwie daran beteiligt bin.«

> *»Ich gebe nie einen Kuss«, sagt Prue,*
> *»einem dreisten Mann, denn das verabscheue ich.«*
> *Sie gibt keinen Kuss, das ist wahr:*
> *Doch sie nimmt einen entgegen und dankt dir dafür«*
>
> *Der Unterschied*, von Anon

Ein entschiedenes »Nein« wird am besten demonstriert von Bette Davis in *Die Hütte im Baumwollfeld* (1932): »Ich würde dich gern küssen, aber ich habe mir gerade die Haare gewaschen.«
Frauen sind sich zweifellos auch der Verführungskunst bewusst, die von ihren Lippen ausgeht, sowie der Macht ihres Kusses. Wenn diese Macht korrekt ausgeübt wird, kann sie zu einem guten alten Status führen … auch bekannt als Ehe.

MÖGE DIES MÄNNERN JEDEN ALTERS ALS WARNUNG DIENEN

Die Gefährlichkeit der Oskulation, *West Coast Times*,
13. Januar 1874, Neuseeland

Das Berufungsgericht in New York hat soeben die Entscheidung des Brooklyner Stadtgerichts im Fall Homan gegen Earle bestätigt. Diese Entscheidung schafft praktisch das Küssen ab, da auf dieses die Strafe der Eheschließung steht. Tausende fröhliche

Schmetterlinge und hübsche Unschuldige wird diese Nachricht zutiefst schmerzen.

Im vorliegenden Fall verhält es sich folgendermaßen:

Vor einigen Monaten strengte Miss Roxelana Homan in unserer Nachbarstadt einen Prozess wegen Nichteinhaltung eines Versprechens gegen Mr. Alexander Earle an, einen wohlhabenden Kaufmann. Mr. Earle war der Meinung, dass Roxelana, bevor sie ihren Prozess gewinnen könnte, das Versprechen beweisen müsse. Er leugnete es nämlich, verhielt sich ruhig »wie ein Mann«, in Bezug auf das Gesetz und die Logik der Angelegenheit.

Miss Homan gestand ein, dass es kein Versprechen gab, weder mündlich noch schriftlich, gründete aber ihren Anspruch auf die Tatsache, dass Earle sie häufig geküsst hatte. Während der unglückliche Mann sich gratulierte, weil er so glimpflich davongekommen war, erstarrte sein Herz zu Stein, als Richter Neilson in gemessenem Ton das Urteil verkündete. Er belehrte, dass es keiner Worte bedürfe, um sich zu verloben. »Das Funkeln der Augen und die Vereinigung der Lippen«, sagte diese Kapazität der Jurisprudenz, »sind die Ouvertüre, wenn sie häufig vorkommen und in die Länge gezogen werden.« Die Geschworenen, die immer begierig sind, etwas zu tun, das sowohl idiotisch als auch galant ist, sprachen Roxelana 15,00 Dollar für die Abnutzung ihrer Lippen und ihrer Zuneigung zu.

Natürlich wurde Berufung eingelegt, und das nächsthöhere Gericht hat prompt die vom vorherigen Gericht getroffene Entscheidung bestätigt. Im Staat New York herrscht deshalb nun folgendes Gesetz: »Wenn ein Junggeselle ein unverheiratetes Mädchen küsst, kann dieses rechtmäßig seine Hand oder seinen Besitz fordern. In Fällen, in denen Scheu oder mangelnde Gelegenheit das Küssen verhindert haben, hat die junge Dame immer noch einen Trumpf gegen ihren Galan in der Hand: Wenn sie beweisen kann, dass er je »seinen Blick auf ihr ruhen ließ«, ist er laut Richter Neilson ihre gesetzmäßige Beute. Es gibt definitiv »keinen Schutz für einen Junggesellen, mit Ausnahme von Futterbeuteln und Scheuklappen und der Möglichkeit zu beweisen, dass er sie nie abgelegt hat«.

Die praktischen Folgen dieser bedeutsamen Entscheidung sind erschreckend. Kein Jugendlicher, der seine Freiheit hochschätzt, wird sich fortan noch küssen lassen, es sei denn von einer Dame, die ihre Heiratsurkunde vorlegen und beweisen kann, dass ihr Ehemann am Leben ist. Abgesehen von dieser Ausnahme muss dieses wohltuende und humanisierende Vergnügen auf die Familie beschränkt bleiben, und der junge Mann der Zukunft wird »dazu verurteilt sein, sich mit rein schwesterlichen Begrüßungen zu begnügen, die so fad sind wie mit Kalbfleisch belegte Sandwiches«.

»Ich-will«-Küsse oder »Der Ouvertüren-Kuss zur Liebesoper«[53]

:*~

Einige Christen glauben, dass der Hochzeitskuss den Austausch der Seelen zwischen Braut und Bräutigam symbolisiert, womit sich die Hl. Schrift erfüllt, dass »die beiden eins werden«. Möglicherweise basiert dieser Brauch jedoch auf einer alten römischen Tradition. Ähnlich wie der Handschlag galt der Austausch von Küssen bei den Römern als Besiegelung eines Vertrags. Der römische Kaiser Kon-

---

53 C. C. Bombaugh, *Kissing*, S. 5.

stantin erklärte, dass eine verlobte Frau Anspruch auf die Hälfte der Güter ihres Zukünftigen habe, sollte dieser vor der Eheschließung sterben.

Ein Kuss nach einer Trauungszeremonie »besiegelt den Pakt«, und obwohl der Kuss kein obligatorischer Teil der Zeremonie ist, werden die meisten zustimmen, dass dieses Zeichen der Zuneigung ein erfreulicher Austausch ist, um den Bund fürs Leben zu schließen. Nach dem Empfang gibt es für Braut und Bräutigam viele Gelegenheiten, sich zu küssen, und die Hochzeitsgäste lassen sich alles Mögliche einfallen, um sie dazu zu bringen. Die traditionellste Weise, wie die Gäste das junge Paar dazu bringen, sich zu küssen, ist das Anstoßen. Ein alter christlicher Brauch beinhaltet, dass das klirrende Geräusch den Teufel in die Flucht schlägt und das Paar sich in seiner Abwesenheit küsst. Eine andere Tradition besteht darin, Glocken zu läuten, die sich bei der Hochzeitsfeier auf den Tischen befinden. Dies ist ein Signal für Braut und Bräutigam, sich zu küssen.

DIE GEOGRAPHIE
DES KÜSSENS

In welchen Ländern
öffentlich geküsst werden darf

:-x

Heutzutage ist es in den meisten westlichen Ländern üblich, dass Menschen Händchen halten oder sich auf öffentlichen Plätzen oder bei öffentlichen Ereignissen küssen[54]. Auch wenn es Gebiete gibt, in denen Intoleranz herrscht, vor allem gegenüber der Zurschaustellung von Zuneigung unter Personen des gleichen Geschlechts, werden solche Einwände von Bewohnern des Westens häufig als archaisch angesehen und schlimmstenfalls als Angriff auf die Menschenrechte. Doch wie zu erwarten, werden das Küssen und andere öffentliche Bekundungen der Zuneigung in stark konservativen und religiösen Gesellschaften weniger toleriert. In Indonesien und im Mittleren Westen ist das Küssen in der Öffentlichkeit oder das Bekunden von Zuneigung irgendwelcher Art zwischen unverheirateten

---

54 Geschichtlich betrachtet war dies nicht immer so, und die Kussabsicht wurde von Moralaposteln immer einer genauen Prüfung unterzogen und unterlag auch immer Veränderungen. »Ein Kuss, der in der Türkei, in Italien und Spanien der Beginn des Ehebruchs darstellt, ist in Paris eine bloße Höflichkeit, und wenn jener Perser, der so viele geheimnisvolle Reisen unternahm, um drei Küsse von der hübschen Cyrus zu ergattern, in Paris gewesen wäre, hätte er dieses Vergnügen nicht so hoch geschätzt, wie er es tat. Heutzutage gibt es keine Besuche, bei denen nicht geküsst wird, aber sie sind wie Geld, das wir nach Belieben wertschätzen. Da Küsse eine Ware sind, die nichts kostet, sich nicht verbraucht und immer reichlich vorhanden ist, spart niemand an ihnen, und wenige sind gierig darauf.« Peter Bayle, *A Historical and Critical Dictionary*, Hunt and Clarke, 1826, S. 206.

Frauen und Männern verboten und wird häufig sogar als krimineller Akt angesehen (obwohl die etwas westlicher eingestellten muslimischen Staaten wie der Libanon und die Türkei gegenüber solchen Gesten toleranter sind).

Peitschenküsse

:-X

In Dubai liegt die Bestrafung für das Ausüben irgendeiner sexuellen Aktivität im Ermessen des Richters und kann Peitschenhiebe sowie vier bis fünf Monate Gefängnisstrafe mit einschließen, abhängig davon, wo man sich befindet und was man tut.

Kriminelle Küsse

:*~

In Indonesien haben neue Moralgesetze das Küssen in der Öffentlichkeit zum Verbrechen erklärt. Zuwiderhandelnde, die beim Küssen in der Öffentlichkeit ertappt werden, können bis zu zehn Jahre hinter Gitter wandern und eine Geldstrafe von 300 Millionen Rupien ($ 33 000) aufgebrummt bekommen. Reisende, die beim Küssen in der Öffentlichkeit erwischt werden, müssen mit fünf Jahren Gefängnis rechnen. Ein neuer Gesetzentwurf gegen die Pornographie schlug ein Verbot für das »Küssen auf den Mund in der Öffentlichkeit« und »öffentliches Nacktsein, erotische Tänze und Sexpartys« vor.

Obszöne Küsse

:-*

Da es im Großen und Ganzen noch immer als tabu gilt, sieht man in Indien nur äußerst selten Paare, die sich öffentlich küssen, doch das Händchenhalten (auch unter männlichen Freunden) wird akzeptiert. In Delhi wird öffentliches Küssen mit einer Geldstrafe von zwölf Dollar geahndet.

In einem Land, in dem sich künftige Eheleute oft erst bei der Heirat treffen, ist die Vorstellung der Brautwerbung für viele immer noch etwas Neues. »Der Kuss ist ein Schwellenpunkt«, sagt der Soziologe Shiv Visvanathan. »Er stellt die eher westliche Vorstellung von sexuellem Verhalten dar.«[55]

2005 stand ein israelisches Paar in Rajastan vor Gericht, weil es sich geküsst hatte, nachdem es bei einer traditionellen Hindu-Zeremonie in Pushkar getraut worden war. Die Priester fühlten sich gekränkt, als das Paar sich während des Singens der religiösen Verse küsste und umarmte. Es wurde zu einer Geldstrafe von 22 Dollar verurteilt. Ein Jahr später forderten politische Gegner die Regierungschefin des Staates Rajastan auf zurückzutreten, weil sie beim World Economic Forum eine Geschäftsfrau mit einem zeremoniellen Willkommenskuss begrüßt hatte. 2007 sorgte der Hollywoodstar Richard Gere in Indien für Proteststürme und das Verbrennen von Bildnissen, nachdem er bei einer Aids-Aufklärungsveranstaltung in Delhi die Bollywood-Schauspielerin Shilpa Shetty geküsst hatte. Die Protestierenden sagten, Gere habe die indische Kultur verletzt, indem er die Hand und das Gesicht der Schauspielerin geküsst habe.

---

55 *In India a public kiss is not just a kiss*, von Mark Sappenfield I, Redakteur des *Christian Science Monitor*, vom 30. April, 2007.

Zuchthaus für Küsse

:-x

Im September 2008 nahm die Polizei in Delhi ein verheiratetes indisches Paar fest und klagte es an, sich in der Öffentlichkeit obszön verhalten zu haben. Die Polizeibeamten sagten, das Paar »hat auf abstoßende Art in der Nähe einer Bahnstation gesessen und sich geküsst, was bei Passanten ein unangenehmes Gefühl hervorrief«. Doch vor Gericht entschied der Richter, dass der Kuss des jungen Paares nicht gesetzwidrig gewesen sei und die beiden nichts Unrechtes getan hätten. Richter Muralidhar sagte, »ein Ausdruck der Liebe seitens eines jungen Paars« sei nicht illegal. Außerdem frage er sich, wie jemand einen einfachen Kuss als obszön ansehen könne.[56]

Küsse in der U-Bahn

:-X

In Moskau erwog man ein Kussverbot in der U-Bahn. In dem Versuch, die öffentliche Moral zu verbessern, könnten Paare, die beim Küssen erwischt werden, entsprechend der neuen Regelungen, die von der Stadtbehörde ins Auge gefasst werden, mit einer Geldstrafe belegt werden, während jene, die zu weit gehen, mit einer Gefängnisstrafe rechnen müssten. Tatyana Maksimova, Beamtin bei der städtischen Schulbehörde, beklagte: »Unsere Kinder erhalten durch das, was sie um sich herum sehen, den lieben langen Tag Unterricht in Sachen Liebe.«

---

56 www.theindian.com/newsportal/health/kissing

Nicht-Küssen-Zone in England

:*~

Sogar in einem der tolerantesten Länder der Welt – in Großbritannien – wurde das Küssen in der Öffentlichkeit verboten. Zugrunde
lagen die Bedenken, dass Paare, die sich umarmten, einen Stau verursachen könnten, so dass Anfang 2009 an der Warrington-Bank-
Quay-Station »Küssen verboten«-Schilder auftauchten. Die Schil-
der, die im Rahmen eines Modernisierungsprojekts der Station im
Wert von einer Million Pfund installiert wurden, haben den Parkplatz
und die Taxistände in »Küssen« und »Nicht-Küssen«-Zonen aufgeteilt.[57]

Der Begrüßungskuss

:-*

Begrüßungsküsse und unerotische Küsse führen die Liste aller übrigen Grußgesten an, sei es Händeschütteln, Umarmungen, Verbeu-
gungen, Nicken und Nasereiben. Die Praktik dieses »platonischen«

---

57 Mark Hughes, *No kissing allowed at Warrington station – it blocks the platform*,
Dienstag, 17. Februar 2009.

Kusses ist genauso schwankend wie jede andere Ehrbezeugung (sei sie durch die Kultur, die Religion oder die Mode diktiert) und spiegelt die Gesellschaftsschicht, die Etikette und den Charakter wider.

Wangenküsse

:-x

Bei einem Wangenkuss beugen sich beide Personen vor und berühren einander leicht mit der Wange oder die Wange des anderen mit den Lippen. Je nach Land oder Situation variiert die Zahl der Küsse zwischen einem und vier. Oder man schüttelt sich die Hand oder umarmt sich. Abhängig von der jeweiligen Kultur kann der Wangenkuss als passend zwischen Mann und Frau, einem Elternteil und einem Kind, zwei Frauen oder zwei Männern angesehen werden. Doch im letzten Fall kann dies mit Homosexualität in Zusammenhang gebracht werden.

Gehauchte Küsse

:-X

Eine Variante des »Wangenkusses« ist der »gehauchte Kuss«. Bei diesem Kuss wird die Haut nicht wirklich berührt, sondern die Lippen hauchen einen Kuss auf die Wangen. Ein Kuss kann auch aus einem Abstand von mehreren Zentimetern gehaucht werden. Dies wird häufig als eine Form des Flirtens praktiziert, kann aber auch sarkastisch gemeint sein (mwah, mwah …). Wangenküsse sind üblich in Südeuropa, im Mittelmeerraum, dem Mittleren Osten und in Lateinamerika.

Zum Teufel mit den Küssen ...

:*~

Erst vor kurzem ist diese Art der Begrüßung unter Beschuss geraten, nicht seitens unbeugsamer Moralisten, sondern aufgrund des
Ausbrechens des H1N1-Virus. In ganz Europa wurden allgemeine
Warnungen herausgegeben, aber noch nicht gesetzmäßig veran-
kert.

Abschied von »la bise«

:-*

In Frankreich geriet der als *la bise* bekannte Brauch, sich zur Begrüßung oder zum Abschied einen Kuss auf jede Wange zu geben, durch
den Ausbruch der Schweinegrippe in Gefahr. Das französische
Gesundheitsministerium forderte die Bevölkerung auf, das Ritual
zu vermeiden, da es befürchtete, die Schweinegrippe könne sich vor
dem Beginn des Winters wie eine Epidemie ausbreiten. In zwei
Schulen in der Stadt Guilvinec in der Bretagne wurde das Verbot
bereits eingeführt. Als spielerische Alternative zu *la bise* haben dort
die Lehrer »bise-Kästen« aufgestellt: Die Schüler legen ihre mit
Herzchen verzierten kleinen Briefchen in diese Kästen, die dann in
der Klasse ausgetauscht werden.

Nachdem die Schweinegrippe in Italien ihr erstes Opfer gefordert
hatte, wurde den Kirchgängern in Neapel erklärt, dass sie nicht län-
ger eine Phiole mit dem Blut eines Heiligen küssen könnten, da
Gefahr bestünde, dass das Virus sich verbreite. Stattdessen wird die
Gemeinde nun am 19. September, dem Fest des hl. Januarius, mit der
Phiole an der Stirn berührt.

»Wenn das Verbot den Kanal überquert«, schrieb die *Daily Mail*, »dürften einige Briten, denen ›la bise‹ nie sonderlich geheuer war, dies eher als Erleichterung empfinden.«[58]

---

58 Peter Allen, *Why swine flu means French can kiss goodbye to their friendly greeting*, *Daily Mail*, 9. 9. 2009.

DER BRAUCH
DER WANGENKÜSSE

Im Land der unbegrenzten Möglichkeiten (Amerika)

:-x

Küsse sind die Sprache der Liebe – also lasst uns darüber reden.
Amerikanisches Sprichwort

In den Vereinigten Staaten und in Kanada herrscht gegenüber dem Küssen eine entspannte Haltung. Das puritanische Erbe (s. Geschichte, Blaue Gesetze) wurde abgeschwächt, als Einwanderergruppen (insbesondere jene aus Lateinamerika und Südeuropa) ihre Kussbräuche einführten. Im Süden Lateinamerikas sind Wangenküsse zwischen Männern und Frauen allgemein üblich, sogar bei einem ersten Treffen. Weniger gern gesehen sind Wangenküsse zwischen zwei Männern, sofern es sich nicht um Vater und Sohn handelt. »A la italiana« zu küssen heißt, dass zwei Männer sich in nicht erotischer Absicht küssen, so wie z.B. Fußballer, die ein Spiel gewonnen haben.

Paneuropäische Küsse –
einer, zwei, drei oder vier ...

:-X

Im Großteil Europas sind Wangenküsse üblich. Die Anzahl der Küsse könnte theoretisch auf das Herkunftsland hinweisen. Doch auch die Kusstraditionen in Nachbarstädten können sich unterscheiden, so dass das Folgende nur einen allgemeinen Überblick über die Bräuche darstellt.

In Frankreich ist es Brauch, sich zuerst auf die rechte Wange zu küssen und dann auf die linke, bis zu vier Mal, doch gewöhnlich wird ein Kuss pro Wange gegeben. In Italien gibt es keine Regeln, wie viele Küsse man sich gibt oder mit welcher Wange man beginnen soll. Für die Schweden und die Niederländer ist die Drei eine Glückszahl. Gerne enden sie mit der Wange, mit der sie auch angefangen haben. Die Belgier küssen entsprechend dem Alter und finden, dass die älteren Menschen mehr Küsse verdienen. Die Skandinavier, Österreicher und Spanier gehören zu denen, die zweimal küssen. Die Deutschen, etwas formeller, küssen in erster Linie die Familie und enge Freunde. Erst seit kurzem ist in England der Begrüßungskuss wieder populärer als das freundliche Schulterklopfen oder das Händeschütteln. In Russland war das Küssen eine ernste Angelegenheit. Ein vom Zar gewährter Kuss galt als höchstes Zeichen der Anerkennung. In der Türkei ist es für die Männer völlig normal, sich zu küssen.

Küsse im Mittleren Osten

:*~

Im Mittleren Osten gibt es eine lange Tradition kunstvoller Begrüßungsküsse, die allerdings nur öffentlich und nur zwischen Männern
praktiziert wird. Diese Küsse haben keinen homosexuellen Beiklang.
In den liberaleren arabischen Ländern, wie z.B. Libanon und Ägypten, werden Wangenküsse zwischen Männern und Frauen in einigen
Kreisen akzeptiert.

In Südostasien ist das Küssen absolut ungewöhnlich, insbesondere in
Ländern mit vorherrschend buddhistischer oder hinduistischer Reli-
gion. In Indonesien, Malaysia, Indien und Pakistan wird öffentliches
Küssen nicht geduldet, und die Nepalesen küssen überhaupt nicht.

In Macau, einer ehemaligen portugiesischen Kolonie, sind die Wangenküsse ein Relikt aus der Kolonialzeit. Auch auf den Philippinen
und in Thailand sind ein bis zwei Küsse üblich. Doch auf den Philippinen handelt es sich um einen Wange-auf-Wange-Kuss und nicht
um einen Mund-auf-Wange-Kuss.

Von der Tradition her bevorzugten die Japaner es, sich zu verbeugen,
und die Chinesen und Südkoreaner verspürten keine Neigung zu
küssen, doch mit der Zeit haben sich diese Länder den Gewohn-
heiten aus dem Westen geöffnet und diese Kussgewohnheit übernommen.

DIE PHYSISCHE GEOGRAPHIE
EINES KUSSES

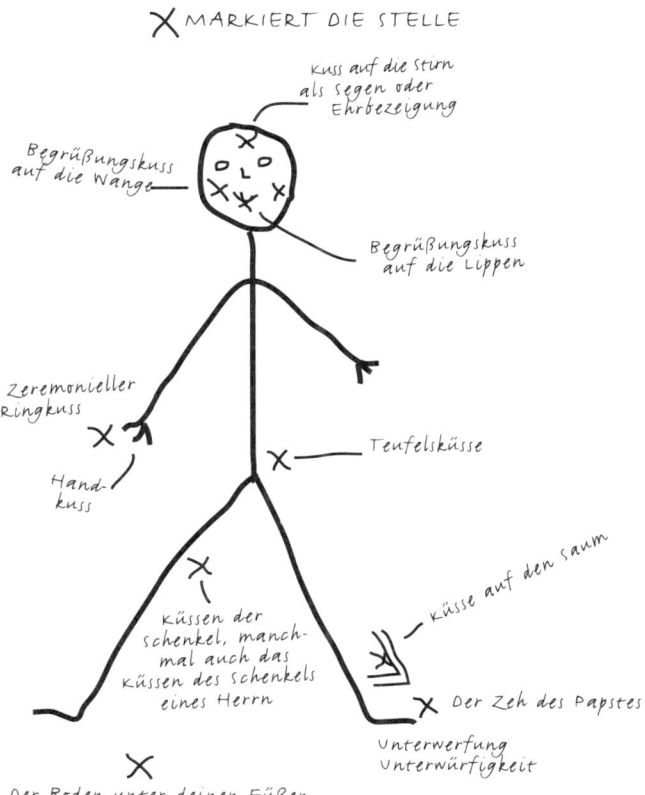

X MARKIERT DIE STELLE

Kuss auf die Stirn
als Segen oder
Ehrbezeigung

Begrüßungskuss
auf die Wange

Begrüßungskuss
auf die Lippen

Zeremonieller
Ringkuss

Teufelsküsse

Hand-
kuss

Küssen der
Schenkel, manch-
mal auch das
Küssen des Schenkels
eines Herrn

Küsse auf den Saum

Der Zeh des Papstes

Unterwerfung
Unterwürfigkeit

Der Boden unter deinen Füßen

III
DIE GESCHICHTE
DES KUSSES

Dieser Teil erhebt keineswegs den Anspruch, den Leser mit einer umfassenden Darstellung des Kusses in der Geschichte, der Geschichte des Kusses oder historischer Küsse von A–Z zu versorgen. Auch wenn ich es gern getan hätte, muss ich gestehen, dass ich die Geschichte dieser Geste, eingeschränkt durch Subjektivität und den Kontext und eingebunden in ein dichtes Gespinst aus Nuancen und Subtilitäten, nur oberflächlich berührt habe. Ich muss auch bekennen, dass ich eine große Vorliebe für die Geschichte des christlichen Abendlands und insbesondere die Geschichte Englands habe.

Die folgenden Ausführungen sind vielmehr (in ungefährer chronologischer Folge) subjektive Schnappschüsse des Kusses in verschiedenen Formen quer durch die Vergangenheit, unabhängig von seiner breiteren kulturellen Bedeutung. Die Art von Küssen, die uns hier beschäftigen, sind die mystischen, ehrwürdigen, friedlichen, religiösen und zeremoniellen Küsse: Küsse der Hochachtung, der Unterwerfung, der Ehrerbietung, des Gehorsams, des Respekts, der Loyalität, heilende und versöhnende Küsse, politische, skandalöse und sündige Küsse, Küsse des Verrats, des Mords und des Todes.

Urzeitliche Küsse

:-*

Der erste in Indien durch den Anthropologen Vaughn Bryant entdeckte Kuss datiert von 1500 v. Chr. Frühe vedische Schriften erwähnen Menschen, die mit dem Mund »schnuppern«, und beschreiben später Liebende, die »ihre Lippen auf die des anderen legen«. Man nimmt an, dass Alexander der Große, als er über tausend Jahre später den Punjab eroberte, den Kuss in den Westen gebracht hat.

Heidnische Küsse

:-x

Seit Urzeiten wurden die Sonne und der Mond mit Küssen der Verehrung begrüßt, die mit den Lippen verschiedenen Göttern, Idolen, Ikonen und Kunstwerken verabreicht wurden.

Fra Colonna, ein Mönch der Renaissance, der fasziniert von heidnischen Bräuchen war, stritt sich leidenschaftlich über die Ursprünge vieler moderner Kirchenbräuche.[59]

»Bilder und den Zeh des Papstes zu küssen gehen auf das östliche Heidentum zurück. Die Ägypter übernahmen diese Bräuche von den Assyrern, die Griechen von den Ägyptern, die Römer von den Griechen und wir von den Römern, deren Pontifex Maximus sich im Kaiserreich den Zeh küssen ließ. Tausend Jahre v. Chr. küssten die Druiden den Zeh des Hohepriesters. Die Muselmanen, die, genau wie Sie, verkünden, das Heidentum zu verabscheuen, küssen den Stein der Kaaba: ein heidnischer Brauch. Die Baalpriester küssten ihre Götzenbilder.« Dann fuhr er fort: »… die gewöhnlichen Heiden pressten ihre Lippen zuerst darauf, und das viele Jahre, und die Unseren machten es ihnen nach, wie die Affen ihren Herren. Und deswegen: Zum Teufel mit den armen Heiden!«[60]

---

59 *The Galaxy*, Band 0016, Ausgabe 2 (August 1873).
60 Charles Reade, *Cloister and the Heart*, Dodd Meas (September 1968).

Klassische Küsse

:-X

In der griechischen Antike wurden Ehefrauen oder Freundinnen nicht immer so romantisch geküsst wie heute. Klassische Texte erwähnen die »Kuss-Umarmung« in Bezug auf Prostituierte, deren Küsse so ähnlich waren wie oraler Sex, und in Bezug auf Freundschaften unter der männlichen Elite, bei der Küsse als ein Zeichen von Hochachtung galten, wenn auch ein erotisiertes. Der Abschiedskuss, den Perikles seiner Frau Aspasia im Athen des 5. Jahrhunderts v. Chr. gab, galt somit als etwas »unmännlich«.[61]

Zur Zeit der Hellenen und Römer bekam das heterosexuelle Küssen durch Liebesdichtkunst eine erotische Bedeutung, obwohl die Männer immer die Küssenden waren und die Frauen die Geküssten. Außerdem bediente man sich des Küssens als Symbol der Macht. Herodot (1134) sagt, als er von ihren Sitten und Bräuchen spricht: »Wenn Perser sich zufällig treffen, kann man schnell erkennen, welchen Rang sie bekleiden: Wenn sie gleichen Rangs sind, begrüßen sie sich durch einen Kuss auf den Mund. Nimmt einer einen niedrigeren Rang ein, wird er nur auf die Wange geküsst. Besteht ein großer Rangunterschied, werfen die von niederem Rang sich nieder.«

Beim Küssen wurde eine feste Rangordnung aufgestellt. Je niedriger der Rang einer Person, desto näher ist der Boden. Lediglich Gleichgestellte küssten sich auf den Mund. Auch unter den römischen Kaisern verlieh das Küssen den Menschen einen bestimmten Status.

---

61   Harriet Swain, »A Kiss and Tell Story«, *Times Higher Education*, 23. Juni 2000.

Küsse beim Götzendienst

:*~

Die Griechen und Römer pflegten das Küssen auch während der Anbetung ihrer Götter. Sie glaubten, dass der Atem das Leben eines Menschen sei und dass es ein Opfer darstelle, einen Teil des Atems dem verehrten Objekt zu geben. Cicero teilt uns in einer seiner Reden mit, dass die Lippen und der Bart der berühmten Statue des Herkules von Agrigentum durch die Küsse der Anhänger abgenutzt wurden:

> »... ist es so schön ... dass sein geöffneter Mund und sein Kinn ein wenig abgerieben sind, weil sie es in ihren Preisungen und Lobreden nicht nur zu ehren, sondern auch zu küssen pflegen.«[62]

Der Historiker Bayle erklärt uns, dass ein Arzt auf die Frage, warum die Lippen einer Frau sich nicht ebenso abnutzen, erwiderte, Statuen würden jahrhundertelang geküsst, doch eine Frau nur so lange, wie ihre Schönheit anhalte.

Bestrafungsküsse

:-*

Zur Zeit Plinius' d. J. wurden Christen, die man festgenommen hatte, dazu gezwungen, die *adoratio* zu vollführen (die römische Form der Huldigung und der Anbetung), die darin bestand, die rechte Hand an die Lippen zu führen, sie zu küssen und dann in die Richtung des

---

62 Marcus Tullius Cicero, *Die Reden gegen Verres*, Mannheim 1990.

Gegenstands der Anbetung zu bewegen. Sicherlich ist es eine Ironie, dass dann der Kuss im frühen Christentum in die Eucharistie mit aufgenommen wurde.

Biblische Küsse

:-x

Dank gelehrter und heiliger Schriften kann der Kuss historisch belegt werden. Allein in der Bibel werden acht Arten von Küssen erwähnt.

BEGRÜSSUNG   »Grüßt alle Brüder mit dem heiligen Kuss!« *1 Thess* 5,26.
»Grüßt einander mit dem heiligen Kuss.« *Römer* 16,16.

ABSCHIED   »Der Herr lasse jede von euch Geborgenheit finden bei einem Gatten (Naomi zu ihrer Schwiegertochter). Damit küsste sie beide zum Abschied; doch Orpa und Rut begannen laut zu weinen.« *Rut* 1,9.

VERSÖHNUNG   »Joab ging zum König und ließ Abschalom rufen. Er kam zum König und fiel vor ihm mit dem Gesicht zur Erde nieder. Und der König küsste Abschalom.« *2 Samuel* 14,33.

UNTERWERFUNG   »Dient dem Herrn in Furcht und küsst ihm mit Beben die Füße, damit er nicht zürnt und euer Weg nicht in den Abgrund führt. Denn wenig nur und sein Zorn ist entbrannt.« *Psalmen* 2,11.

ANBETUNG »… Und trat von hinten an ihn heran. Dabei weinte sie und ihre Tränen fielen auf seine Füße. Sie trocknete seine Füße mit ihrem Haar, küsste sie und salbte sie mit dem Öl.« *Lukas* 7,38.

BILLIGUNG »Einen Kuss auf die Lippen gibt, wer richtig antwortet.« *Sprichwörter* 24, 26.

VERRAT »Der Verräter hatte mit ihnen ein Zeichen verabredet und gesagt: Der, den ich küssen werde, der ist es; nehmt ihn fest. Sogleich ging er auf Jesus zu und sagte: Sei gegrüßt, Rabbi! Und er küsste ihn.« *Matthäus* 27,48–49.

ZUNEIGUNG »Als Laban von Jakob, dem Sohn seiner Schwester hörte, lief er ihm entgegen; er umarmte und küsste ihn und führte ihn in sein Haus.« *Genesis* 29,13.
»Josef warf sich über seinen Vater, weinte um ihn und küsste ihn.« *Genesis* 50,1.

Religiöse Küsse –
Um der Liebe Gottes willen

Seit dem Altertum bezeugte man Achtung gegenüber Schriften, die das Wort Gottes enthielten, indem man sie, als Unterwerfung unter die Gebote Gottes, an die Stirn hielt und küsste. 1999 sorgte Papst Johannes Paul II. für Aufsehen, als er den Einband des Korans küsste. Alle Weltreligionen haben eines gemeinsam: Ihre Schriften werden berührt, gehalten oder geküsst. Die Hindus schwören auf die Bhagavadgita; die Muslime auf den Koran; die Juden auf die Thora; die Christen auf die Bibel und die Sikhs auf den Adigrantha.[63]

Koschere Küsse

:*~

Im Alten Testament wird berichtet, dass die Rabbis nur drei Arten von Küssen zuließen: den Kuss der Ehrerbietung, der Begrüßung und der Verabschiedung. Bei den Juden ist es Tradition, den Saum des Tallit (Gebetsmantel) zu küssen sowie das *mezuzah*-Kästchen (fürs Gebet) am Türrahmen, wenn man das Haus betritt oder verlässt, und die Thora (der Pentateuch). Es ist Brauch, ein heiliges Buch zu küssen, das fallen gelassen wurde. Die Juden küssen auch die westliche Mauer des Heiligen Tempels in Jerusalem.

Hadsch-Küsse

:-*

Im Islam folgen bedeutsame Küsse dem Gebet (dua), nach dem einige Muslime sich mit den Handflächen über das Gesicht fahren und dann die Rückseite ihrer Hände küssen, oder auf der Pilgerfahrt nach Mekka. Dort werden der heilige Schwarze Stein und die vier Ecken der Kaaba geküsst. Die Muslime glauben, der Schwarze Stein sei einer der Steine des Paradieses gewesen und durch die Küsse sündiger, aber gläubiger Lippen dunkel geworden.

---

63 Alfred Ernest Crawley, *Studies of Savages and Sex*, hg. von Theodore Besterman, Dutton & Co, 1929.

Christliche Küsse

:-x

»BEGRÜSSET EINANDER MIT EINEM HEILIGEN KUSS«   Unter den großen monolithischen Religionen war der Kuss vor allem im Christentum von Bedeutung. Die Täuflinge werden geküsst, ebenso neu geweihte Priester, der Bischof während der Weihe und der König bei der Krönung; Büßer werden nach der Absolution geküsst und der Friedenskuss wird allen gegeben.

In der Urkirche war das Küssen eine übliche Begrüßungsart, ungeachtet des Alters, des Geschlechts oder der gesellschaftlichen Stellung. In den Schriften des hl. Augustinus sind vier Arten von Küssen aufgeführt: Der erste, *der Kuss der Versöhnung,* wurde von Feinden ausgetauscht, die Freundschaft suchten; der zweite, *der Friedenskuss,* wurde in der Kirche während der Eucharistie ausgetauscht; den dritten, *den Liebeskuss,* gaben sich Liebende und der vierte, *der Begrüßungskuss,* wurde denen gegeben, die man gastlich aufnahm.[64]

Reliquienküsse

:-X

Auch das Küssen von Reliquien war weit verbreitet. Reliquien gab es in Form von Knochen von Heiligen, Ikonen, dem Evangelium, dem Kreuz, gesegneten Palmenzweigen, Kerzen, den Händen von Priestern und fast allen Gegenständen und Messgewändern, die mit der Liturgie verbunden waren. Der Priester, der die Messe zelebrierte, küsste während dieser auch immer wieder den Altar.

---

64 Manson, George J., *Kissing and the Art of Osculation,* Brooklyn, N.Y., 1888, S. 3.

Küssen des hl. Kreuzes

:*~

Es heißt, dass man Segen und Glück erfährt, wenn man das Kreuz
küsst. In schweren Zeiten war es in Südfrankreich Brauch, dass die
Menschen ihre Daumen, die sie zu einem Kreuz geformt hatten,
küssten, wenn kein Kreuz vorhanden war.

Bacciamano & Pescatorio-Küsse

:-*

Bacciamano (wörtlich *Kusshand*) geht auf den alten Brauch zurück,
die Hand oder den Ring eines Bischofs zu küssen. *Pescatorio-* oder
Fischer-Küsse beziehen sich auf den Ring des Papstes, auch als
»Ring der Fischer« bekannt, da der hl. Petrus (als dessen spiritueller
Erbe der Papst gilt) als ein »Menschenfischer« (Markus 1,17) angese-
hen wird.

Heutzutage bekunden die Katholiken dem Papst ihre Ehrerbietung,
indem sie vor ihm niederknien und seinen Ring küssen. In Süditalien
ist es nach wie vor Brauch, dass die Gläubigen die Hände ihrer Priester küssen.

Fußküsse und dergleichen ...

:-X

»Könige ... lecken dir den Staub von den Füßen.«[65]

Die Verehrung, die durch das Küssen der Hand oder des Saums einer Person bezeugt wird, kommt durch das Küssen der Füße noch stärker zum Ausdruck. Dieses christliche Ritual, ein Zeichen der Demut und eine Handlung der Knechtschaft, geht auf Maria Magdalena zurück, die die Füße Christi küsste, nachdem sie sie mit ihren Tränen benetzt hatte.

Der öffentliche Austausch eines solchen Kusses war von großer zeremonieller Bedeutung. Er wurde seit der Römerzeit praktiziert und schon bald vom päpstlichen Hof übernommen. Beispiele für die Bedeutung dieses Kusses können in den Streitigkeiten zwischen Heinrich II. und Thomas Beckett sowie zwischen Richard Löwenherz und dem hl. Hugh von Lincoln gefunden werden. Der Bischof soll Richard an seinem Umhang festgehalten und ihn geschüttelt haben, weil er es versäumt hatte, den formellen Kuss zu entbieten. Der König, überwältigt von dieser Geste, fand seinen Humor wieder und bedachte den Heiligen mit dem erforderlichen Begrüßungskuss.

Außerhalb des religiösen Bereichs wurde das Küssen der Füße bei europäischen Krönungszeremonien angewandt und als ein Zeichen der Lehnstreue und der Ehrbezeugung akzeptiert. Als Rolf der Ganger von Karl dem Einfältigen im Jahr 911 das Herzogtum Normandie erhielt, musste er niederknien und den Fuß des Königs küssen. Rolf legte den Eid ab, missachtete als typischer Wikinger jedoch den Rest der Zeremonie und übertrug es einem seiner Gefolgsleute,

---

65 Jesaja 49,23.

Hochachtung zu bezeigen. »Der Nordländer, der genauso stolz war wie sein Herr, missverstand diesen vorsätzlich und küsste die Füße des Monarchen, indem er sie an seinen Mund führte, womit er – unter dem ungehobelten Gelächter seiner Landsleute – den König und den Thron aus der Fassung brachte.«[66]

Mit der »Zeremonie des Füßeküssens« brachte man auch seine Demut gegenüber dem obersten aller Herrscher – Gott – zum Ausdruck. Unter den englischen Monarchen war es Brauch, die Füße der Minderbemittelten zu küssen, in Nachahmung Christi, der die Füße seiner Jünger wusch und ihnen dann befahl, »sich gegenseitig die Füße zu waschen«. Am Gründonnerstag wusch der König die Füße so vieler Menschen, wie er an Jahren zählte.[67] Dann wurden Kleider, Essen und Geld unter die Armen verteilt. Jakob II. war der letzte englische Monarch, der dies persönlich ausführte. Später wurde es von einem Almosenpfleger übernommen. (Diese Sitte lebt weiter in der Form des Gründonnerstagsgelds, das immer noch auf Geheiß der Königin an die »Bedürftigen« verteilt wird.)

Küssen des Staubs – Eroberung

:*~

Papst Johannes Paul II. war dafür bekannt, dass er sich, wenn er in einem fremden Land ankam, auf den Boden warf und die Erde küsste (oder das Rollfeld). Dies bewies Achtung und Demut, konnte aber auch als eine symbolische Inbesitznahme der Gemeinde gedeutet werden, wie dies historisch durch als Aneignungsritus bekannten Brauch, den Boden zu küssen, zum Ausdruck gebracht wurde. Neh-

---

66 C. C. Bombaugh, *The Literature of Kissing*, J. B. Lippincott & Co 1876, S. 52.
67 Ebenda, S. 58.

men wir zum Beispiel den Kreuzzug aus dem 11. Jahrhundert von Godfrey de Bouillon. Es heißt, dass die Kreuzritter, als sie Jerusalem erblickten, auf die Knie fielen, weinten, Dank sagten und sogar die heilige Erde küssten. In den 1490er Jahren küssten auch Columbus und seine Kameraden ehrerbietig den Boden, als sie den Strand von San Salvador betraten.«[68]

Das Küssen
der Füße des Papstes

:-*

In seiner Abhandlung *De altaris mysterio* erklärt Papst Innozenz III. (Papst von 1198 bis 1216) die Bedeutung dieser seltsamen Zeremonie: sie demonstriert »die sehr große Ehrerbietung gegenüber dem Pontifex Maximus als Statthalter Christi, dessen Füße von einer Frau geküsst wurden, die eine Sünderin war«. Und so wurde daraus die normale Begrüßung für jene, denen der Papst eine Privataudienz gewährte. Doch diese Geste, die auch als »Küss den Schuh« bekannt war, wurde von vielen hochgestellten Persönlichkeiten (sicherlich auch von Rolf dem Ganger, s. o.) als demütigend empfunden und entartete mit der Zeit zur schäbigen Unterwürfigkeit.

In einem alten deutschen Kriegsgesang gegen Karl V. (1506–1556) finden wir:

Man denke nur: die ganze kaiserliche Brut
fiel durch den Papismus in tiefste Ungnade
Und die deutsche Macht wurde gebrochen

---

68 Ebenda, S. 52.

Wollt Ihr trotz all ihrer Schurkerei
Den Schuhkuss ihnen geben?[69]

Die folgende mit an Sicherheit grenzender Wahrscheinlichkeit zweifelhafte Geschichte erklärt den Ursprung des Brauchs, die Füße des Papstes zu küssen, völlig anders: Anscheinend entstand er aufgrund einer extremen Bekundung von Abstinenz. In seiner *History of Civilization in England* berichtet uns Henry Thomas Buckle, dass es üblich gewesen war, die Hand Seiner Heiligkeit zu küssen, dass aber gegen Ende des 8. Jahrhunderts eine gewisse lüsterne Frau, die dem Papst ein Angebot machte, nicht nur seine Hand küsste, sondern sie auch fest drückte. Der Papst (vermutlich Leo III.), der die Gefahr erkannte, hackte sich die Hand ab, um der Verunreinigung zu entkommen. Seit jener Zeit wurde die Vorsorge getroffen, *die Zehen* des Papstes zu küssen und nicht seine Hand. Und sofern jemand den Wahrheitsgehalt dieses Berichts anzweifeln sollte, versichert uns der Historiker, dass die Hand, die vor fünf- oder sechshundert Jahren amputiert worden war, sich immer noch in Rom befand und in ihrem ursprünglichen Zustand erhalten worden war.[70]

69 Christopher Nyrop, *The Kiss and Its History*, Sands & Co 1901, Singing Tree Press 1968, S. 119.
70 C. C. Bombaugh, *The Literature of Kissing*, J. B. Lippincott & Co 1876, S. 71.

Der Judaskuss

»Treu gemeint sind die Schläge eines Freundes«, heißt es im Alten Testament, »doch trügerisch die Küsse eines Feindes.«[71]

Der Judaskuss, auch wenn er nicht den ersten oder einzigen »Todeskuss« in der Bibel darstellt, gehört zu den niederträchtigsten Küssen überhaupt.[72] Seit über 2000 Jahren wird der Name Judas in einem Atemzug mit Verrat, Treulosigkeit und Schmach genannt. Diese Assoziationen halten sich so hartnäckig, dass man bis heute kaum jemanden findet, der diesen Namen trägt. Indem er die Symbolik des Kusses umkehrt (der als eine Geste des guten Willens, als eine positive, heilige und intime Handlung angesehen wird), erscheint Judas' Verrat an Jesus Christus noch dramatischer und verabscheuungswürdiger. Judas hätte zur Identifizierung von Christus ganz einfach auf ihn deuten können.

Obwohl die vier Evangelien voller Diskrepanzen und Widersprüche in Bezug auf bestimmte Ereignisse sind, ist allen gemeinsam, dass Jesus beim Letzten Abendmahl den Verrat vorausgesagt hat. Danach begaben er und seine Jünger sich zum Garten Gethsemane. Dort identifizierte Judas Ischariot, der einem Trupp Soldaten als Informant diente, Jesus durch einen Kuss. Obwohl Jesus den bevorstehenden Verrat an ihm vorhersagte, tat er nichts, um ihn zu verhindern, und so könnte man behaupten, dass Jesus Judas eine Falle stellte.[73]

Judas, so erfahren wir, kaufte sich mit dem unrechtmäßig erworbenen Blutgeld einen Acker, konnte aber keinen Frieden finden. Das mittel-

---

71 Sprichwörter 27,6.
72 Im Alten Testament verschleierte General Joab seine mörderischen Absichten mit einem Begrüßungskuss und tötete somit seinen Rivalen Amasa.
73 Adrianne Blue, *On Kissing*, Indigo Ausgabe 1997, S. 145.

alterliche Epos *Die Goldene Legende* erzählt, wie Judas »in der Mitte entzweibrach und wie seine Gedärme hervorquollen. Doch er konnte sie nicht durch den Mund erbrechen, da sein Mund, der das wunderbare Gesicht Christi berührt hatte, nicht besudelt werden konnte«.

Friedensküsse

:-X

»Welches Gebet ist vollkommen,
wenn es vom heiligen Kuss getrennt ist?«[74]

Seit der Zeit der Urkirche tauschten die Christen einen heiligen Friedenskuss, die Pax, als Symbol ihrer Einheit in Christus aus. Im 5. Jahrhundert hatte dieser Kuss seinen Platz nach dem Vaterunser und direkt vor der Kommunion.

Doch ab einem sehr frühen Stadium wurden die möglichen Missbräuche dieser Art der Begrüßung scharf (wenn nicht erregt) beargwöhnt. Um 175 n. Chr. warnte der frühe christliche Philosoph Athenagoras von Athen:

> *»Wenn jemand zum zweiten Mal küsst, hat es ihm Spaß gemacht [er sündigt] … Deshalb sollte der Kuss oder vielmehr die Begrüßung mit größter Sorgfalt gegeben werden, denn wenn damit die geringste Besudelung der Gedanken verbunden ist, schließt er uns vom ewigen Leben aus.«*

---

74 Tertullian (ca. 145–ca. 220).

Clemens von Alexandria, verwarf ca. 195 n. Chr. ebenfalls seinen Missbrauch:

> »*Aber es gibt da jene, die nichts anderes tun, als die Kirchen mit einem Kuss widerhallen zu lassen, der ohne Liebe gegeben wurde. Die schamlose Anwendung eines Kusses führt zu bösen Verdächtigungen und bösen Gerüchten. Der Apostel bezeichnet den Kuss als heilig.*«[75]

Kuss-Geld

:*~

… war der Begriff, der für eine andere Art der Pax verwendet wurde, wobei Mitglieder einer Kirchengemeinde gegen eine kleine Gebühr, das sogenannte Kuss-Geld oder »Buch-Geld«, das Bild eines Heiligen küssten.

Kusstafeln

:-*

Die latente Mehrdeutigkeit des heiligen Kusses führte letztlich zu seinem Untergang. Auch wenn die Gemeindemitglieder nach Geschlechtern getrennt waren, wurde der Kuss nach wie vor mit der Fleischeslust assoziiert.

Seit dem Ende des 12. Jahrhunderts wurde nach und nach der Gebrauch des *instrumentum pacis* oder *osculatorium* (im Englischen

---

75 www.apostolicchristianchurch.org/Pages/Beliefs, %20The%20Holy%20Kiss.htm

bekannt als die »Friedenstafel«) eingeführt. Somit konnten die Laien die Tafel statt einander küssen. Bei dieser handelte es sich um eine kleine Platte aus Holz (manchmal aus Edelmetall oder Elfenbein), die mit Schnitzereien mit frommen Motiven bedeckt war. Diese englische Neuerung des 13. Jahrhunderts verbreitete sich dann auf dem Kontinent und ersetzte ein Jahrhundert später den Brauch, einander zu küssen.

Das Küssen von Leprakranken

:-x

Küsse höchster Demut waren jene, die den Leprakranken gegeben wurden. Als Beispiel diente Franz von Assisi, der die Hände eines Leprakranken küsste. Die Krankheit verschwand, und es stellte sich heraus, dass der Mann Christ war. Unter den mittelalterlichen Asketen und dem religiösen Adel wurde das Küssen von Leprakranken üblich. Die Habsburger waren dafür bekannt, durch einen Mundkuss stotternde Kinder zu heilen. Eleanor von Aquitanien (1122–1204) übernahm diesen Brauch, und es heißt, die Kreuzritter in Jerusalem hätten das Abschlachten der Ungläubigen unterbrochen, um die Wunden der Leprakranken des Heiligen Landes zu küssen, die sie um ihr Leiden beneideten, da das Leiden näher zu Gott brachte.[76] Leprakranke zu küssen war eine Form von Masochismus, da es die Möglichkeit mit einschloss, sich selbst die tödliche Krankheit zuzuziehen, einen Todeskuss zu erhalten. Im 12. und 13. Jahrhundert erreichte das Küssen von Leprakranken seinen Höhepunkt und wurde dann durch die Hexenjagd abgelöst.

---

76 Adrianne Blue, *On Kissing*, Indigo Edition 1997, S. 87.

Ketzerküsse

:-**X**

Der *osculum infame* oder schändliche Kuss wurde immer mit Ketzern in Verbindung gebracht. Der christliche Apologet Minucius Felix lässt Ende des 2. Jahrhunderts in seinem Text *Octavius Felix* einen Heiden die angeblichen Praktiken seiner christlichen Nachbarn beschreiben. Angeblich beteten sie den Kopf eines Affen an und huldigten den Genitalien ihrer Priester. Ähnliches wurde traditionell den Juden und Verschwörern des Römischen Reichs unterstellt.

Der »schändliche Kuss« tauchte (neben rituellen Kindermorden, Kannibalismus, Orgien und sexueller Hemmungslosigkeit) erneut im 12. Jahrhundert auf, und zwar als Propaganda gegen die Katharer und Waldenser, christliche Sekten, die immer noch den heiligen Kuss praktizierten. In dieser Zeit trat der Teufel dominierend in Beschreibungen und Illustrationen des angeblich schändlichen Kusses auf, gewöhnlich in der Form eines Tiers (Ziege oder Katze), das man verehrte und anbetete und dem man einen Kuss auf das Hinterteil gab.

Hexenküsse

:*~

Das berüchtigtste Hexenjagd-Handbuch, der *Malleus Maleficorum*, wurde 1486 von James Sprenger und Henry Kramer als juristisches Handbuch zur Entdeckung und Verfolgung von Hexen verwendet. Darin wird eine Frau erwähnt (die der Verfasser zufällig nicht vor Gericht hatte bringen können), die anscheinend dem Segen, der den

Menschen während der Messe erteilt wurde, folgende Worte hinzu-
gefügt hatte: »Steck mir die Zunge in den Arsch.«[77]

In Eichstätt, einer Erzdiözese in Süddeutschland, versuchten Ankläger, den weiblichen Angeklagten bei Hexenprozessen schmeichle-
risch das Geständnis zu entlocken, während des Sabbats den schändlichen Akt, das Hinterteil des Teufels zu küssen, vollbracht zu haben.
1590 kam aus Schottland die Nachricht, die schottischen Hexen hätten Jakob VI. angegriffen. In dem Bericht hieß es, die Hexe Agnes
Sampson habe gestanden, dass »der Teufel ihnen allen eine Strafe
auferlegt hatte, die darin bestand, dass sie als Zeichen der Ergeben-
heit ihm gegenüber sein Hinterteil küssen mussten. Das Hinterteil,
das er über die Kanzel gestreckt hatte, wurde, wie befohlen, von allen
geküsst.«[78]

Natürlich fanden diese lüsternen »Geständnisse« bei einem breiten
Publikum Anklang, was durch die Einführung der Druckerpresse
in den 1440ern noch begünstigt wurde. 1570 erschien in einem Nach-
richtenblatt, das über die Hexenprozesse in Genf berichtete, eine ins
Auge fallende Illustration. Diese zeigte eine Frau, die sich bückte,
um das Hinterteil eines Teufels zu küssen.

Kuss des Hinterteils

:-*

Die mittelalterliche Literatur handelt viel von Küssen, die die fließende Grenze zwischen dem Gesellschaftlichen und dem Sexuellen
aufzeigen, und benutzt sie als Grundlage sowohl für die Tragödie als

---

77 Jonathan Durrant, *The osculum infame: heresy, secular, culture and the image of the wit-
ches' Sabbath*, in: Karen Harvey, Hg., *The Kiss in History*, Manchester 2005, S. 39.
78 Ebenda, S. 40.

auch für die Komödie. In Chaucers *Miller's Tale* dient der Kuss als Demonstration komischer Demütigung. Alison, die ehebrecherische Ehefrau, wird nachts von ihrem Liebhaber Absalon belästigt, der einen Kuss möchte. Alison ist ihm gefällig, indem sie ihr Loch (Chaucers Terminologie) zum Fenster rausstreckt, woraufhin »Absalon seinen Mund nach oben reckte und lüstern ihren Arsch küsste, bevor ihm klar wurde, was er da tat«.[79]

Abscheuliche Küsse

:-x

In der *Coelifodina* von 1520 wird der heilige Kuss dargelegt. Körperküsse werden folgendermaßen definiert: als löblich, entschuldbar oder abscheulich. Der *osculum detestable* wurde als ein Kuss der Heuchelei, des Verrats und der Lust (Freud würde sich sicherlich über die Tatsache auslassen, dass der lustvolle Kuss am ausführlichsten kommentiert wurde) angesehen. Jetzt wurde offenbar, dass die Sünden, die unter dem *osculum detestable* zusammengefasst wurden, ebenfalls den heiligen Pax-Kuss mit einschlossen, denn wie sonst könnte der Kuss sowohl heilig, profan, spirituell, erotisch als auch eine Quelle des Friedens und eine Quelle der Zwietracht sein?

---

79 Geoffrey Chaucer, *The Miller's Tale*, *The Canterbury Tales*, Deutscher Taschenbuch Verlag 1996.

Fragwürdige Küsse

:-X

1512 wurde die Abschaffung des Pax-Kusses in die Wege geleitet. Er war bereits aus der traditionellen Messe am Gründonnerstag und manchmal auch am Karfreitag und am Ostersamstag verbannt worden, erwies sich aber auch als zu befrachtet, um am Ostersonntag während des Gedenkens an die Passion Christi praktiziert zu werden, da er unterschwellig an den Judaskuss erinnerte.

Küsse während der Reformation

:*~

Grundlegend für die Pax war der Glaube gewesen, dass Gesten in der Öffentlichkeit Körper und Geist miteinander verbinden könnten und sollten. Doch während der Reformation nahmen Luther und seine Anhänger eine Umdeutung dieser Verbindung vor. Luther argumentierte wie folgt: »… wenn Gott mit Küssen und anderen Gesten geehrt wird, die nicht von Herzen kommen und im Glauben fußen, sind diese nichts anderes als eine Illusion und Blendwerk.«[80] Ab 1520 ließen die Protestanten den Kuss ganz weg. Gleichzeitig fielen weitere Formen des zeremoniellen Küssens weg.

---

80 Craig Koslofsky, »The Kiss of Peace in the German Reformation«, in: Karen Harvey, Hg., *The Kiss in History*, Manchester 2005, S. 25.

Aussterbende Küsse

:-*

Im Mittelalter erwies jeder, ob es sich um einen Vasallen oder einen Herrn handelte, Höhergestellten mit einem Kuss seine Ehrerbietung.

Natürlich haben Vasallen oder Diener dies auf eine erniedrigendere Weise getan, indem sie ihre Herren auf den Schenkel sowie die Hände küssten. In Abwesenheit des Herrn küssten sie sogar die Tür (*baiser la porte* oder den Riegel *baiser le verrou*), obwohl dies schließlich als zu große Erniedrigung angesehen wurde.[81]

Ebenso starb im 15. und 16. Jahrhundert der Kuss als ein Symbol der Versöhnung aus und wurde ersetzt durch das Schwören von Eiden und durch Dokumente. Offensichtlich hatten die mit dem gleichgeschlechtlichen Kuss verbundenen unangenehmen Assoziationen begonnen, ihn zu unterminieren.

Platonische Küsse

:-x

Nirgendwo war dieser Umschwung deutlicher erkennbar als bei den Renaissance-Gelehrten. Diese erklärten, Platons Liebesphilosophie befinde sich im Einklang mit der zeitgenössischen christlichen Moral, da seine Liebe zu Knaben nicht-sexueller Natur sei – daraus entwickelte sich die platonische Liebe als Ideal. So als wolle man die Trennung zwischen dem sexuellen und nicht-sexuellen Kuss noch deutlicher machen, wurde der Kuss erkennbar erotischer – und viel-

---

81 Christopher Nyrop, *The Kiss and its History*, Sands & Co. 1901, Singing Tree Press 1968, S. 126f.

leicht auch mit zunehmendem Fortschritt in der Zahnheilkunde attraktiver.[82]

Küsse nach der Art des Betrachters

:-X

Prinzessin Margarete von Schottland versetzte die Höflinge in Erstaunen, als sie den hässlichen Dichter Alain Chartier (ca. 1392–1430) küsste, »denn die Natur hatte es im Fall von Chartier zugelassen, dass sich ein schöner, reger Geist in einem hässlichen Körper eingenistet hatte«. Die Prinzessin erwiderte, es sei nicht der Mann gewesen, den sie geküsst habe, sondern der Mund, aus dem so viele goldene Worte herausgesprudelt waren. Deshalb war ihr Kuss ein Ausdruck der Achtung, einer, den wir heute als platonisch bezeichnen würden.[83]

Cor Blimey Guv'

:*~

Die schnelle Veränderung vornehmer Sitten und akzeptierter Praktiken wird deutlich, wenn man zwei Verhaltensberichte vergleicht, die im zeitlichen Abstand von ca. einem halben Jahrhundert verfasst wurden. Es geht um die Berichte von Desiderius Erasmus (ca. 1466–1536) und Michel de Montaigne (1533–1592). Laut dem gelehrten Renaissance-Humanisten Erasmus war das Kussverhalten im England

---

82 Helen Berry, *Lawful Kisses? Sexual ambiguity and platonic friedship in England C. 1660–1720*, in: *The Kiss in History*, Manchester 2005, S. 70.
83 Christopher Nyrop, *The Kiss and its History*, Sands & Co. 1901, Singing Tree Press 1968, S. 113.

des 15. Jahrhunderts insofern weitaus entspannter als das im 21. Jahrhundert, als die Begrüßungsküsse auf die Lippen gegeben wurden. So viel zur englischen Zurückhaltung!

Erasmus schrieb im Sommer 1499 an seinen Dichterfreund Fausto Andrelini in Italien:

> *»Wenn du, mein Faustus, die Freuden Englands zur Genüge kennen würdest, kämst du hierhergeeilt, mit Flügeln an den Füßen, oder wenn deine Gicht dies nicht zulassen würde, würdest du dir einen Dädalus wünschen. Um nur ein Vergnügen aus einer Vielzahl zu erwähnen: Mich umgeben Nymphen, so schön wie Engel, lieblich und heiter; du würdest gerne eingestehen, dass deine Musen nicht mit ihnen zu vergleichen sind. Übrigens haben wir einen Brauch, der nicht genug empfohlen werden kann. Wohin auch immer du dich begibst, wirst du von ihnen allen mit Küssen willkommen geheißen werden; und wenn du aufbrichst, wirst du wärmstens verabschiedet werden: Bei deiner Rückkehr wird dir derselbe herzliche Empfang bereitet werden ... Kurzum: Wo immer du dich hinbegibst, überall gibt es Küsse. Würdest du, mein Freund, auch nur einmal kosten, wie weich und köstlich sie sind, würdest du nicht wie Solon wünschen, zehn Jahre in England zu leben, sondern bis zum Tod.«*[84]

---

84 Ebenda, S. 155.

Kontinentale Küsse

:-*

Laut Erasmus war der Begrüßungskuss oder »der Mundgruß« im 15. und 16. Jahrhundert allgemeiner Brauch in Europa, insbesondere unter dem Adel.

Ein 1544 von Annibale Caro an den Herzog von Palma verfasster Brief beschreibt den Besuch der französischen Königin Eleonore bei König Karl V. in Brüssel.

> »Als wir uns trafen«, sagt er, »gab es eine interessante Empfangszere-monie, bei der die Damen geküsst wurden … nicht nur der höhere Adel, auch alle anderen nahmen ihre Dame, und die Spanier und Neapolitaner waren die eifrigsten. Es sorgte für viel Heiterkeit, als Charlotte de Pisseleu, die Gräfin von Vertus, sich so weit aus dem Sat-tel lehnte, um den Kaiser zu küssen, dass sie vom Pferd fiel und nicht den Mund Seiner Majestät küsste, sondern die Erde.«[85]

Poetische Küsse

:-x

> »Öffne die willigen Lippen bei jedem erregenden Kuss,
> um die zitternde Zunge blitzschnell zu versenken –
> welch unvergleichliche Wonne!
> Welch süßes Verschmelzen des Atems der beiden,
> während die Liebe keuchend in den Armen des Todes liegt.«[86]

---

85 Ebenda, S. 154.
86 C. C. Bombaugh, *The Literature of Kissing*, J. B. Lippincott & Co 1876, S. 184.

Der holländische Dichter Johannes Secundus wurde 1511 in Den Haag geboren und starb 1536 in Utrecht. Dieser Keats des 16. Jahrhunderts starb mit 24, und seine Sammlung *Basia* oder *Kisses* wurde 1539 posthum veröffentlicht. Die *Basia*-Sammlung nimmt denselben Stellenwert ein wie die Gedichte von Catull und besteht aus neunzehn Gedichten, die in verschiedenen Versmaßen verfasst wurden und sich um das Thema Kuss ranken. Dabei geht es um den Kuss als Nahrung oder Heilmittel, um Küsse, die verletzen oder töten, und um den Austausch von Seelen, der durch das Küssen bewirkt wird.

Das Entstehen des Kuss-Vorbehalts

:-X

Doch zur Zeit des Wirkens des berühmten französischen Essayisten Montaigne (Mitte bis Ende des 16. Jahrhunderts) hatten die verschiedenen Kussarten an Neuheit verloren: »Es ist eine unangenehme Gewohnheit und für die Damen sehr lästig, dass sie einem jeden, der nur drey Livreebedienten hält, die Lippen hinreichen sollen, er mag ihnen übrigens noch so widrig seyn.«[87]

Ende des 17. Jahrhunderts hatte der englische Dramatiker William Congreve Anlass zu schreiben: »Man denkt, man sei auf dem Land, wo große, flegelhafte junge Männer sich zur Begrüßung abschmatzen und küssen – hier ist das nicht üblich.«

Auf dem Kontinent traf man eine stärkere Unterscheidung zwischen dem »Kuss der Zuneigung« und dem »Kuss der Liebe« als in England. Die Folge war, dass in England der gesellschaftliche Kuss zwischen

---

87 Michel de Montaigne, *Gedanken und Meinungen über allerley Gegenstände*, Bd. V, Buch 3, S. 198, Wien und Prag 1797.

Männern und Frauen (auf die Lippen) verschwand, während sich der französische Kuss auf die Wangen, der nicht so eindeutig erotisch war, länger hielt. Als unter der Regentschaft von Elisabeth I. die Gesetze gegen die Homosexualität erneut eingeführt wurden, gehörte jede Form des Küssens zwischen Männern der Vergangenheit an. 1626 missbilligte der Schreiber William Vaughan den »unnatürlichen Kuss zwischen einem Mann und einem anderen Mann, ein Günstlingskuss, wie ihn Jupiter seinem Mundschenk Ganymed gab«.[88]

Unter den Stuartkönigen (1685–1714) – vielleicht insbesondere unter Jakob I., der angeblich sexuell unersättlich war – führte der französische Einfluss auf Hofmanieren zu der vorübergehenden Mode, dass geckenhafte junge Männer sich auf die Wange küssten. »Sir, Sie küssen angenehm«, sagt einer von ihnen in einem Stück des frühen 18. Jahrhunderts, »ich liebe es, einen Mann zu küssen, in Paris küssen wir nichts anderes.« Doch im 18. Jahrhundert bestand die Gefahr, dass Männer, die beim Küssen ertappt wurden, der Homosexualität bezichtigt wurden.

Das zärtliche Küssen und Berühren zwischen Freundinnen und weiblichen Bekannten hielt sich viel länger, da der Begriff »lesbische Liebe« viel langsamer ins Bewusstsein drang als die männliche Homosexualität (und jahrhundertelang gesetzlich unberücksichtigt blieb).

---

88 Keith Thomas, »Afterword«, in: Karen Harvey, Hg., *The Kiss in History*, Manchester 2005, S. 194.

Ein Missbrauch der Lippen

:*~

Die Autoren religiöser Verhaltensliteratur argumentierten, dass der Ehebruch im Augenblick der Absicht beginne und nicht erst bei Vollzug des Sexualakts. William Gouge legte in seinem Werk *Of Domestical Duties* (1622) als Teil eines regelrechten Verhaltenskatalogs zur Bekämpfung der Sünde durch die Beherrschung des Körpers besonderen Nachdruck auf die sorgfältige Beherrschung der Lippen, damit sie »nicht durch zügellose Küsse erfreuen«.

Sprachveränderungen

:-*

Der höfische Brauch, einer Dame als Zeichen des Respekts die Hand zu küssen, geht auf das höfische Leben in der Renaissance zurück. Doch wo der Brauch des gesellschaftlichen Küssens verschwand, bewahrte die Sprache die Erinnerung daran. Die Spanier sagen »Le beso la mano«[89] (Ich küsse Ihre Hand) und die Österreicher »Küss die Hand«. Eine Parallele dazu ist der »Friedenskuss«, der anfangs ein normaler Begrüßungskuss war, dann ein gesprochener Gruß: Es ist nach wie vor auf der ganzen Welt üblich, *Shalom Aleichem* oder *Salem Alechem* zu sagen, der Friede sei mit dir. Die Antwort darauf lautet *Alechem Hasa-Lem*, Friede sei mit dir.

---

89 Alfred Ernest Crawley, hg. von Theodore Besterman, *Studies of Sauvages and Sex*, Dutton & Co 1929, S. 122.

Verkannte Küsse

:-X

Ebenso verschmolzen manchmal die Handlung und die Bedeutung gewisser Worte. Das gälische Wort *poc* leitete sich vom lateinischen *pax* ab und bedeutet »Kuss« und nicht »Frieden«. Im mittelalterlichen Spanien bedeutete *paz* »Kuss«. Der Ursprung hierfür ist vermutlich ein Missverständnis der Worte des Priesters, wenn er den Büßer küsste: *Pacem do tibi* (Friede sei mit dir). Der Büßer hat vielleicht den Kuss als den Höhepunkt der Zeremonie angesehen und dachte, *pacem* beziehe sich darauf.

Liebes-Tagebuch-Küsse

:-X

Samuel Pepys' Schilderung der Reaktion seiner Frau Elizabeth auf ihre Entdeckung, dass er mit der Dienstmagd Deb Willet schmuste, lässt uns wissen, dass sie mehr gekränkt war durch die Tatsache, dass er die harmlosere Intimität, die Dienstmagd zu umarmen, mehr genossen hatte als alles andere. Pepys hatte am 22. Dezember 1667 in sein Tagebuch geschrieben:

> »Dieses Mal gab ich ihr zuerst einen kleinen Kuss.«

Dieser »kleine Kuss« war in Elizabeths Augen keineswegs klein, denn er war ein Symbol dafür, dass sie nicht nur die Zuneigung ihres Mannes an eine Dienstmagd verloren hatte, sondern auch die Haushaltsordnung auf den Kopf gestellt worden war. Gleichermaßen symbolhaft ist, dass Elizabeth schließlich ihre Bereitschaft kundtat, ihre kaputte Ehe zu kitten (nachdem Willet entlassen und von Pepys als Hure bezeichnet worden war), indem sie den »Friedenskuss« gewährte.[90]

Historische Küsse — Der Vollständigkeit halber

:*~

Das längste Einzelwerk über den Kuss ist das *Opus Holy Historicum de Osculis* (Frankfurt 1680), das von dem vielseitigen deutschen Gelehrten Martin Kempe (1637–1683) verfasst wurde. Er sammelte Exzerpte aus klassischen, biblischen, kirchlichen, juristischen, medizinischen und anderen gelehrten Quellen und machte daraus eine Enzyklopädie von über 1000 Seiten, in der mehr als 20 Kussarten aufgeführt sind.[91]

Unanständige und unziemliche Küsse

:-*

Jenseits des Atlantiks dominierte das Gesetz der Puritaner, bekannt als *Blaue Gesetze*. »Blau« war ein Slang-Ausdruck für strenge Verhaltensregeln oder eine Person mit tiefer religiöser oder ethischer Überzeugung. Ein frühes Blaues Gesetz verbot das Küssen in der Öffentlichkeit.

---

90 David M. Turner, *Adultrous Kisses and the meanings of familiarity on early modern Britain*, in: *The Kiss in History*, Manchester 2005, S. 87f.
91 Keith Thomas, »Afterword«, in: Karen Harvey, Hg, *The Kiss in History*, Manchester 2005, S. 187.

Gefängnis wegen des Küssens

:-x

1656 hatte ein Gericht in Boston den Seekapitän Kemble wegen »un-
anständigen und unziemlichen Verhaltens« am Sabbat zu zwei Stunden Gefängnis verurteilt. Sein abscheuliches Verbrechen bestand
darin, dass er seine Frau an einem Sabbat öffentlich geküsst hatte,
nachdem er von einer dreijährigen Seefahrt zurückgekehrt war.
»Leichtfertige Tändelei« oder sogar »unnötiges und unzeitgemä-
ßes Bummeln auf den Straßen und Feldern« galten als strafwürdige
Vergehen. In New London, Connecticut, wurden John Lewis und
Sarah Chapman angeklagt, weil sie am Tag des Herrn in Chapman's
Obstgarten zusammen unter einem Apfelbaum gesessen hatten.[92]

Peitschenhiebe wegen des Küssens

:-X

»Wenn man eine Frau in der Öffentlichkeit küsst, auch wenn es sich
dabei um eine höfliche Begrüßung handelt, und die Stadträte davon
Kenntnis erhalten, werden beide ausgepeitscht oder mit einer Geldstrafe belegt«, schrieb Edward Ward, ein geistreicher Londoner, der
1699 Boston besuchte und dessen spritzige Beschreibungen des Ortes
und seiner Bewohner häufig von frühen Historikern und Rechts-
autoren zitiert wurden. Ward erklärte auch: »Welches Glück, dachte
ich, haben wir in Old England, dass wir nicht nur unsere eigenen
Frauen küssen können, sondern auch die anderer Männer, ohne mit
einer solchen Strafe belegt zu werden!«

---

92 John Chester Miller, *The first frontier life in Colonial America*, University Press of
America 1986, S. 87.

Newton und sein Kussproblem

:*~

Newtons »Kuss-Problem« war mathematischer Art. 1694 erlebte die Cambridge University eine berühmte Kussdiskussion zwischen Isaac Newton und David Gregory. Dabei bezog sich das »Küssen« auf das Billardspiel und zwei Kugeln, die sich gerade berühren.

Newton und Gregory stritten sich über die Zahl identischer Kugeln, die gleichzeitig mit einer mittleren in Berührung kommen konnten. Theoretisch waren es *damals* höchstens sechs, aber in jüngerer Zeit wurde das Problem durch eine Extradimension ergänzt – wie viele weiße Billardkugeln können eine schwarze Billardkugel in einem dreidimensionalen Raum berühren?[93]

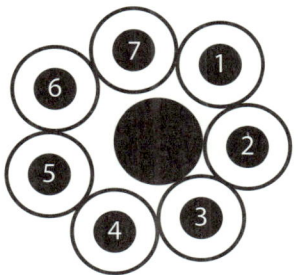

---

93 http://plus.maths.org/issue23/features/kissing/index.html

Ein ernster Vorschlag der Damen –
Küsse mit Absicht

:-*

BENEDICK: »Still, ich stopfe dir den Mund.« (Küsst sie)
Viel Lärm um nichts, William Shakespeare, 1599

A Serious Proposal of the Ladies ist ein Traktat, der 1694 von Mary Astell verfasst wurde. Darin wird die Rolle der Frau in der Gesellschaft beleuchtet. Er stellte die Notwendigkeit in Frage, dass alle Frauen verheiratet sein mussten, und ließ erneut die Diskussionen der Renaissance-Humanisten aufleben, ob Frauen gebildet sein sollten oder nicht.

Als Reaktion darauf wurde dazu ermutigt, jene, die taten, was Astell vorschlug, zum Schweigen zu bringen – nicht mit Gewalt, sondern mit einem Kuss. Ehemänner aufsässiger Ehefrauen »verschließen ihr den Mund mit einem Kuss und zeigen, dass sie keine Feiglinge sind, da sie sich nicht von der Wut einer Frau besiegen lassen; und wenn man sie küssen kann, sei es auch gegen ihren Willen, dann ist das ein überzeugendes Argument dafür, dass man noch immer der Stärkere ist«, 14. Januar 1696.[94]

Küsse für Personen niederen Rangs

:-x

1715 wurden dem Londoner Konsistorium Hunderte von Seiten Beweismaterial gegen die wohlhabende Engländerin Diana Dormer vorgelegt. Ihr wurde skandalöse Vertrautheit mit den beiden Die-

---

94 Helen Berry, *Lawful Kisses? Sexual ambiguity and platonic friendship in England, C. 1660–1720,* in: *The Kiss in History,* Manchester 2005, S. 70.

nern Thomas Jones und Lawrence Burgess vorgeworfen. Die Vorstellung war schockierend, da beschrieben wurde, wie Jones ihr Gesicht küsste (traditionsgemäß galt: Je niedriger der Stand einer Person, desto weiter vom Gesicht entfernt sollten ihre Küsse sein). Vornehme Herren, die Küchenmädchen küssten, waren eine Sache, viel skandalöser war es jedoch, wenn eine verheiratete Frau einen Mann niederen Standes küsste.

Kanonküsse

:-X

1762 reiste der reizende sechsjährige Mozart nach Wien, um für Kaiserin Maria Theresia im schönen Spiegelsaal von Schloss Schönbrunn vorzuspielen. Danach, heißt es, soll er auf den Schoß der Kaiserin gesprungen sein, sie umarmt und geküsst haben. Diese Szene bildete den Auftakt zu seinem ungeheuren Ruhm und dem öffentlichen Küssen von Mitgliedern königlicher Familien. Als Mozart später nach Versailles reiste, versuchte er, Madame de Pompadour, die Geliebte König Ludwigs XIV., zu küssen, aber sie stieß ihn zurück. Zornig fragte er sich: »Wer ist sie, die mich nicht küssen mag? – Die Kaiserin hat mich geküsst.«

Das Küssen kam auch in seinen Kanons vor und bewies die Mehrsprachigkeit des Komponisten und seinen Sinn für unbeschwerten skatologischen Humor. Ein solcher Kanon in B-Dur mit deutschem Text ist *Leck mich im Arsch*. Er wurde 1788 als Teil von 10 Kanons komponiert und enthielt zwei zweisprachige Wortspiele. Mozart, der auf den starken bayerischen Akzent seines Tenors anspielte, hatte in einem Pseudo-Latein geschrieben: *Difficile … lectu mihi mars*, was sich gesungen für die Ohren der Deutschen anhörte wie *Leck du mi im Arsch.* Das zweite Wortspiel im Kanon spielte auf den lateinischen Begriff *jonicu* an, was, wenn es schnell und wiederholt gesungen wird, sich wie das italienische *cujoni* anhört, was Hoden bedeutet.

Küsse für Stimmabgaben

:*~

1784 sorgte Georgina, die Herzogin von Devonshire, für den größten politischen Skandal ihrer Zeit, als sie für Charles James Fox, den Führer der »Whig« oder Liberalen Partei, Stimmen warb.

Der berüchtigte Vorfall fand vermutlich Ende März statt. Die Herzogin tauschte für die Stimmen Küsse mit Männern aus, unter denen sich ein Metzger befand – ein Bürgerlicher. Das Ereignis war für die Anhänger William Pitts eine willkommene Gelegenheit, ihrem Ruf zu schaden, indem sie ständig darauf anspielten, dass sie als eine Form der Prostitution Gunstbezeugungen gewährte. Natürlich wurde der Vorfall voll in der Presse ausgeschlachtet.

»Wie wir erfahren haben, gewährt die D-ss von D jenen Gunstbezeugungen, die Mr. Fox ihre Stimme geben.« *The Morning Post* vom 31. März 1784.[95]

Die Herzogin hatte trotz der Pressekampagne Erfolg bei der Wahl, was als Gefahr für die ausschließlich männliche politische Ordnung und den Status quo betrachtet wurde. In einer Zeit, in der die Politik korrupt geworden war, herrschte allgemeine Übereinstimmung, dass sie reformiert sowie »männlicher« und »reiner« werden sollte. Das Ansehen der Herzogin musste unterminiert werden, so dass ihre politischen Aktivitäten abgewertet und abgetan werden konnten.

---

95 Elaine Chalus, *Kisses for votes: the kiss and corruption in eighteenth century English elections*, in: *The Kiss in History*, Manchester 2005, S. 135.

Küsse als Zahlungsmittel

:-*

Die Herzogin war nicht die erste Frau oder der erste Mann, die oder der diese Taktik anwendete (oder beschuldigt wurde, sie angewandt zu haben). In einem kleinen Werk, das 1785 in London unter dem Titel *A New Geographical and Historical Grammar* veröffentlicht wurde, finden wir folgenden Abschnitt über Bestechung und Küssen:

> »In Wahlbezirken sind die Kandidaten so klug, sich hauptsächlich an die Ehefrau zu wenden. Ein bestimmter Kandidat für einen Wahlbezirk in Norfolk küsste die Frauen der Wähler mit Guineen im Mund. Dafür wurde er aus dem Parlament ausgeschlossen; ich schätze, dass andere aus diesem Grund sich etwas unbemerkter an die Damen wenden.«

Die Küsse des Druckers

:-x

Drück noch einen Kuss auf meine Lippen,
Das Bild deiner glühenden Leidenschaft;
Nein dies reicht nicht – dies auch nicht – auch das nicht –
Aber jetzt – Ah, das ist ein fester Abdruck!
Doch mir scheint, er könnte noch besser sein
O ja, ich sehe es in jenen Augen;
Unsere Lippen, die wieder miteinander verschmolzen sind,
Unterziehen den Abdruck einer Korrektur.«[96]

---

96 C. C. Bombaugh, *The Literature of Kissing*, J. B. Lippincott & Co 1876, S. 357.

Lamourette-Küsse

:-X

Am 7. Juli 1792, als die Revolution wütete und die österreichischen und preußischen Armeen sich auf dem Marsch nach Paris befanden, hielt Abbé Lamourette eine glühende patriotische Rede und ermahnte mit aufwühlenden Worten alle Mitglieder der gesetzgebenden Versammlung, ihre Differenzen zu begraben. Er beendete seine Rede mit den Worten: »Lasst uns alle Differenzen vergessen und uns immerwährende Bruderschaft schwören.« Die Abgeordneten fielen sich plötzlich in die Arme, und in einem allgemeinen Versöhnungskuss vergaben sie sich gegenseitig jedes Unrecht. Leider währte diese Eintracht nicht lange. Die Streitigkeiten begannen erneut am Tag darauf, und zwei Jahre später starb Lamourette durch die Guillotine. Der Ausdruck *un baiser de Lamourette* existiert immer noch in der französischen Sprache als leicht ironische Beschreibung einer kurzlebigen Versöhnung.[97]

O-ja-Küsse

:*~

Als der 4. Herzog von Gordon 1794 das Infanterieregiment der Gordon Highlanders aufstellte, wurden Rekruten aus seinen Ländereien eingezogen, nicht zuletzt deshalb, weil die Herzogin von Gordon einen Kuss als Anreiz dafür angeboten haben soll, in das Regiment einzutreten. Duncan Mackenzie, ein Veteran von Waterloo, berichtete voller Vergnügen, wie er mit seinem Kuss »den Shilling« zwi-

---

97 Christopher Nyrop, *The Kiss and Its History*, Sands & Co 1901, Singing Tree Press 1968, S. 110.

schen ihren Zähnen entgegengenommen hatte (d.h. sich hatte einziehen lassen).

Die Küsse des Kaisers – Grüße vom Schlachtfeld

:-*

1796 schrieb Napoleon seiner geliebten Josephine: »… Ich hoffe, in Kürze kann ich dich mit einer Million Küsse ersticken, die glühen, als befänden wir uns am Äquator …«, und: »Ein Kuss aufs Herz, ein weiterer etwas tiefer, und noch einer noch viel tiefer …«[98]

Vom Schicksal bestimmte Küsse

:-x

»Küss mich, Hardy.«
Admiral Lord Nelson, 1805

Noch nie war die Bitte zu sterben so umstritten. Es wird erzählt, dass am 21. Oktober 1805, als die Schlacht von Trafalgar in vollem Gange war, Vizeadmiral Horatio Lord Nelson unter Deck der HMS *Victory* im Sterben lag. Thomas Hardy, sein enger Freund und Kommandant des Flaggschiffs, trat an sein Lager. Und als er um einen Kuss gebeten wurde, leistete er Folge und drückte einen Kuss auf Lord Nelsons Wange. »Jetzt bin ich zufrieden«, sagte Nelson. »Ich danke Gott, dass ich meine Pflicht erfüllt habe.« Hardy erhob sich, und nachdem er schweigend auf seinen Freund heruntergeblickt

---

98 Andrea Demirijian, *Kissing*, Perrigee 2006, S. 135.

hatte, kniete er erneut nieder und küsste ihn auf die Stirn. »Wer ist das?«, fragte Nelson, der jetzt kaum mehr sehen konnte. »Ich bin's, Hardy.« »Der Herr segne dich, Hardy.«

Nicht erfolgte Küsse

:-X

Ein englischer Held, der einen anderen Mann um einen Kuss bittet? Wie schrecklich peinlich. Jahrelang wurde vermutet und geglaubt, dass Nelson in Wirklichkeit gesagt habe: »Kismet, Hardy«, was auf Türkisch »Schicksal« heißt. Doch die Umstände bei Nelsons Tod wurden bis ins Kleinste von dem Arzt William Beatty in einem 1807 veröffentlichten Bericht geschildert und von zwei Augenzeugen, Reverend Alexander Scott, dem Kaplan der *Victory*, der direkt neben Nelson saß, sowie dem Zahlmeister Walter Burke, der das Bett unter Nelson gestützt hatte, voll bestätigt. Beide hörten Nelsons Worte und gaben sie wieder.[99]

Abscheuliche Küsse

:*~

1819 riet ein deutscher Reiseführer: »Der Freundschaftskuss zwischen Männern wird streng vermieden, da er als Sünde gilt, die in England als abscheulicher angesehen wird als jede andere.«[100]

---

99 *The Death of Nelson*, 21. Oktober 1805 von Arthur William Devis, 1807, National Maritime Museum, London, Greenwich Hospital collection. Repro ID BHC-2894.
100 Joan Smith, *Of Mouths and Men*, *The Guardian*, 6. Juli 2000.

Küss und sag's weiter

:-*

»Ich werde nicht sagen, warum und wie ich mit 15 die Geliebte des Grafen von Craven wurde. Ob es Liebe war oder die Strenge meines Vaters, die Verderbtheit meines Herzens oder die gewinnende Art des edlen Herrn, die mich dazu veranlasste, mein elterliches Haus zu verlassen und mich unter seinen Schutz zu begeben, spielt keine große Rolle; wenn doch, bin ich nicht in der Stimmung, die Neugier auf diese Art zu befriedigen.«

So begannen die berüchtigten Memoiren von Harriett Wilson mit dem Untertitel *Beauty, Marriage-Ceremonies, and Intercourse of the Sexes, in all Nations; Systems of Physiognomy, etc.* Sie erschienen in neun Fortsetzungen im Jahr 1825 und wurden schnell zum Bestseller. Harriet gab ihren Liebhabern die Gelegenheit, sich »aus ihren Memoiren herauszukaufen«, eine ziemlich grobe Art der Erpressung. Darauf soll ihr Liebhaber, Lord Wellington, geantwortet haben: »Veröffentlich es und sei verdammt.«

Die britische Regierung befürchtete, dass einige ihrer Enthüllungen George IV. betreffen und das Ansehen des ohnehin schon unbeliebten Königs noch mehr beeinträchtigen könnten. George wurde aber nicht erwähnt; man kann nur vermuten, dass er sich freigekauft hatte.

Bettgeflüster-Küsse

:-x

Das Aufsehen, das Wilsons Memoiren erregten, wurde vielleicht von dem Wissen inspiriert, dass das Gedächtnis einer Geliebten weniger schmeichelhaft sein konnte als ihr Bettgeflüster: Ninon, die große französische Kurtisane, überlegte einst, dass der Marquis de Sévigné »eine Seele aus gekochtem Rindfleisch, einen Körper aus feuchtem Papier und ein Herz wie ein im Schnee frikassierter Kürbis hatte«.

Der Kuss der Küsse

:-X

»Sicherlich ist die Umarmung in *Der Kuss* recht hübsch,
aber sie bedeutete mir nichts.«[101]
Auguste Rodin

Dantes »zwei Seelen, die so leicht im Wind flattern«, inspirierten Rodins Skulptur *Le Baiser*, die bei vielen als der »Kuss der Küsse« gilt. Rodin wurde zu seiner Skulptur durch Dantes *Göttliche Komödie* inspiriert. Er verarbeitete den verräterischen Kuss von Francesca di Rimini und ihrem Schwager Paolo in Stein. Deren eigene unerlaubte Liebe lehnte sich an das Vorbild der ehebrecherischen Liebe von Sir Lancelot und Königin Guinevere an. Rodins Skulptur zeigt ein Buch der Artuslegende in Paolos linker Hand.

»Eines Tages lasen wir zu unserem Ergötzen von Lancelot,
Wie ihn die Liebe bezauberte. Wir waren allein und arglos.

---

101 Adrianne Blue, *On Kissing*, Indigo Edition 1997, S. 191.

Wiederholt wurden unsere Blicke beim Lesen voneinander
angezogen, und die Röte wich aus unseren Wangen.
Doch an einem bestimmten Punkt fühlten wir uns allein.
Als wir von diesem Lächeln lasen, dem erwünschten Lächeln,
das so hingerissen von einem, der unsterblich verliebt war,
geküsst wurde, küsste er, den nichts von mir trennen wird,
plötzlich meine Lippen, küsste sie zitternd.
Das Buch und der Autor waren beide Zulieferer der Liebe.
Als sich der Tag zu Ende neigte, lasen wir nicht weiter.«[102]

Marmorküsse

:*~

Le Baiser (der Kuss) wurde erstmals 1898 bei der Pariser Ausstellung gezeigt und sofort mit Begeisterung aufgenommen. Ursprünglich entstand er 1882 in halber Größe aus Ton im Rahmen von Rodins Serie »Höllentor«. Doch Rodin änderte seine Meinung und beschloss, die Skulptur als Einzelwerk zu präsentieren. Damals war Marmor beliebt, doch er bearbeitete ihn nicht selbst, sondern heuerte *practiciens* an, die die Arbeit ausführten. Der Marmorspezialist Jean Turcan meißelte den überlebensgroßen *Kuss*, der sich jetzt im Rodin Museum in Paris befindet. Ursprünglich wurde diese Skulptur 1887 von der französischen Regierung in Auftrag gegeben. Nach der Weltausstellung (1900) folgten zwei weitere Aufträge. Der erste stammte von Carl Jacobsen, einem dänischen Brauer, und der zweite von dem Amerikaner Edward Perry Warren, einem klassischen Gelehrten, der seinen *Kuss* mit einem Penis gefertigt haben wollte (die

---

102 Christopher Nyrop, *The Kiss and Its History*, Sands & Co 1901, Singing Tree Press 1968.

Pariser Ausführung hat eher eine Vertiefung als eine Ausbuchtung).
Warren stellte die Skulptur in der englischen Stadt Lewes aus, doch
leider wurde sie von den Bewohnern als unmoralisch abgetan und
stand dann in Warrens Garage, bis sie 1928 von der Tate Gallery er-
worben wurde, wo sie sich noch immer befindet.

Als Kulturikone des 20. Jahrhunderts (wenn auch immer noch Ziel
prüder Zensur) wurde sie 1995 als Motiv für englische Briefmarken
verwendet – wenn auch nur von der Taille aufwärts.[103]

Kinematoskop-Küsse

:-*

Die Zeit veränderte sich schneller denn je. Die Neuerungen des
19. Jahrhunderts hatten weitreichende Auswirkungen auf der ganzen
Welt, was im kulturellen Bereich vielleicht am stärksten durch die
laufenden Bilder zum Ausdruck kam. Dieses von vielen angestrebte
Ziel wurde 1896 von Thomas Edison verwirklicht. Der Film mit dem
schlichten Titel *Der Kuss* wurde im April 1896 in Edison's Black
Maria Studio gedreht: Der Schauspieler John Rice küsste May Irwin.
Die Köpfe zusammengesteckt, sprechen die Schauspieler von Mund
zu Mund, bevor John Rice seinen Schnurrbart zwirbelt, dann das
Gesicht seiner Partnerin umfasst und es mit einer Reihe knabbernder
Küsse bedeckt. Laut dem Edison-Filmhistoriker C. Musser präsen-
tierten die Schauspieler ihren Kamerakuss auf Ersuchen der Zeitung
New York World. Dieser Film war der beliebteste Edison-Vitascope-
Film des Jahres 1896.[104]

Auch wenn er beliebt gewesen sein mag, wandte der Kritiker Herbert

---

103 Adrianne Blue, *On Kissing*, Indigo Edition 1997, S. 195.
104 http://www.youtube.com/watch?v=eOrKBmtC75Q

C. Stone aus Chicago ein, dass »keiner der beiden Küssenden äußerlich attraktiv ist und das Schauspiel ihres verlängerten Verweilens auf den Lippen des anderen … absolut abstoßend ist«.

Das Küssen von Büchern

:-x

Stephano: »Da, küss das Buch.«
William Shakespeare, *Der Sturm*

Der lange gepflegte Brauch, bei dem Zeugen die Bibel küssten, wenn sie den Zeugenstand betraten, wurde bis vor kurzem praktiziert. Er gründete auf dem Glauben, dass ein Vertrag haltbarer wird, wenn man einen *feierlichen Eid* leistet, einen Eid, der durch die Berührung eines heiligen Gegenstands ratifiziert wird.

An den Höfen Englands, im Unterhaus und an bestimmten anderen Orten ist es Nicht-Christen erlaubt, einen Eid abzulegen, ohne die Bibel zu küssen, was auf den Kampf des Atheisten Charles Bradlaugh (1833–1891) zurückzuführen ist, der unbedingt ins Unterhaus wollte. Er wurde 1880 erstmals gewählt und 1886 schließlich ins Unterhaus aufgenommen. Baron Lionel von Rothschild war der erste bekannte Jude, der 1858 ins Parlament aufgenommen wurde (als Jude) und die Erlaubnis erhielt, auf das Alte Testament zu schwören. 1847 war er als Abgeordneter der Liberalen für die City of London gewählt worden. Die Eidgesetze von 1888 legalisierten diesen Schritt.

Zu Beginn des 20. Jahrhunderts schwand dieser Brauch immer mehr dahin, weil er als altmodische und überholte Geste angesehen wurde – bald sollte er durch das Heben der rechten Hand ersetzt werden, auch bekannt als »schottischer Eid«.

Unter der Schlagzeile ENGLÄNDER SCHAFFEN DAS KÜSSEN DER BIBEL AB (17. Januar 1909) gab die *New York Times* schmuddelige Bibeln als Hauptgrund für ihre schwindende Beliebtheit an.[105] Richter Warrington von der Chancery Division fand die Lösung: »Um dem Umstand jener Rechnung zu tragen, die die Bibel küssen wollen«, sagte er, als er die neue Methode, die rechte Hand hochzuheben, ankündigte, »habe ich die Anweisung erteilt, Bibeln mit abwaschbarem Einband zur Verfügung zu stellen.«

Küsse vom Fließband

:-X

1907 wurden die Hershey's KISSES (amerikanische Schokolade), die wegen ihrer ungewöhnlichen Form, ihrer Silberfolienverpackung, der patentierten Feder und dem köstlichen Geschmack berühmt sind, auf den Markt gebracht. Heutzutage werden täglich über 80 Millionen KÜSSE hergestellt. Man vermutet, dass die Schokolade ihren Namen dem Geräusch oder der Bewegung verdankt, die verursacht wurde, wenn sie während des Herstellungsvorgangs abgesetzt wurde. Aufgrund der Rationierung der Silberfolie während des Zweiten Weltkriegs wurde die Herstellung der Schokolade zwischen 1942 und 1949 eingestellt. 1962 wurde anstelle der Silberfolie eine Farbfolie eingeführt. Heutzutage ist das KISSES-Konfekt in allen Variationen erhältlich – in verschiedenen Formen, Größen und Schokoladegeschmackssorten.[106]

---

105 *English to Abandon Kissing the Book*, *The New York Times*, 17. Januar 1909.
106 http://www.hersheys.com/kisses/

Mörderische Küsse

.:*~

Im Juli 1916 erhielt der ungarische Kriminalhauptkommissar Dr. Charles Nagy einen Anruf von einem Vermieter in Cinkota, einer Stadt im Umkreis von Budapest. Er hatte eine grauenhafte Entdeckung gemacht. Außerhalb seines vermieteten Hauses fand er mehrere große Metalltrommeln, die der vorherige Mieter Béla Kiss hinterlassen hatte. Als er eine der Trommeln durchbohrte, schlug ihm der eindeutige Gestank menschlicher Verwesung entgegen. Im Innern der Trommel befand sich ein Sack mit der Leiche einer jungen Frau mit langem dunkelbraunem Haar.

Béla Kiss (übersetzt Bill Small) war ein sehr angesehener junger Mann und galt bei vielen in der Stadt als begehrter Junggeselle. Bei der Durchsuchung von Kiss' geheimem Raum wurde jedoch eine Flut von Briefen zwischen Kiss und verschiedenen Frauen, bei denen es immer um Heirat ging, zutage befördert. Kiss hatte 174 Heiratsanträge erhalten und selber 74 der Frauen einen Heiratsantrag gemacht. Er hatte sie zuerst betrogen und ihnen in vielen Fällen das gesamte Geld abgenommen. Dann beseitigte er mindestens 24, vielleicht sogar 30 Frauen und einen Mann.

In jeder der sieben Metalltrommeln wurde die Leiche einer nackten jungen Frau gefunden, die erdrosselt und in Alkohol aufbewahrt worden war. Als Kiss' Haus und das Grundstück durchsucht wurden, fand man noch mehr Leichen.

Bei Ausbruch des Ersten Weltkriegs war Béla Kiss in den Militärdienst einberufen worden. Obwohl Nagy das Militär informierte, dass Kiss sofort festgenommen werden müsse, gelang es ihm nicht, den Serienkiller zu fangen. Im Oktober 1916 erhielt Dr. Nagy widersprüchliche Nachrichten aus einem serbischen Hospital, dass ein

Soldat namens Béla Kiss gestorben sei, und dann, dass dieser noch am Leben sei. Als Dr. Nagy im Hospital ankam, war der Mann in Kiss' Bett tot und *nicht* Béla Kiss. Kiss war irgendwie gewarnt worden und hatte die Leiche eines anderen Soldaten in sein Bett gelegt. Es folgten noch weitere »Entdeckungen« von Béla Kiss rund um die Welt. Einer Aussage schenkten viele Menschen Glauben: Henry Oswald, Kriminalbeamter der Mordabteilung von New York City, war davon überzeugt, dass er Béla Kiss 1932 aus der U-Bahn-Station am Times Square habe kommen sehen. Aufgrund seines hervorragenden Personengedächtnisses hatten seine Kollegen ihm den Spitznamen »Kameraauge« gegeben; deshalb vertrauten viele seiner Beobachtungsgabe. Da an dieser Station viel Gedränge herrschte, konnte Oswald dem Verdächtigen nicht folgen …

Schützengraben-Küsse

:-*

> *»Ich will ein für alle Mal die neugierigen Sodomiten unter meinen Lesern eines Besseren belehren, indem ich mit Nachdruck und nur einmal erkläre, dass diese Beziehungen frei von sodomitischen Neigungen waren.«*[107]

Richard Aldington

In den Schützengräben des Ersten Weltkriegs veränderten sich die Normen des Körperkontakts zwischen Männern grundlegend. Verstümmelung und Sterblichkeit, Einsamkeit und Langeweile, die durch ständige Bombardierungen verursachte Anspannung, das Ge-

---

107 Richard Aldington, *Death of a Hero*, London 1929, S. 26.

fühl der Entfremdung von zu Hause bewirkten einen neuen Grad der Intimität zwischen ihnen. Das Werk der Historikerin Joanna Bourke, das Männer und ihre Männlichkeit während des Kriegs thematisiert, dokumentiert, wie Männer ihre Freunde pflegten und fütterten, wenn diese krank waren, sich umarmten, wenn sie tanzten, und Decken um den anderen schlangen.[108]

Intensive Bande wurden geknüpft, die mehr menschlich sozialer als homoerotischer Natur waren, und der aus der Mode kommende Kuss des Ersten Weltkriegs wurde von einigen Autoren dieser Zeit wieder aufgenommen. Er kommt in Romanen wie in Ernest Hemingways *In einem anderen Land* vor und in Gedichten von Robert Browning.

In einer Kultur, die die Homosexualität dämonisierte, wurden Kriegsbeziehungen oft ausgenommen. Denn der Kuss von Mann zu Mann im Schützengraben war nicht unüblich, meistens bei drohender Gefahr und Tod. Am 22. Dezember 1914 schrieb Reverend Connor:

> »Ich betete zu Gott für den armen Kerl. Ich sagte: ›Ich gebe dir einen Kuss von deiner Mutter.‹ ›Lass mich dir einen geben‹, und der gute Kerl küsste mich.«[109]

---

108 Joanna Burke, *Dismembering the Male. Men's bodies, Britain and the Great War*, London 1996, S. 133–136.
109 Santanu Das, *Kiss me, Hardy: the dying kiss in the First World War trenches. The Kiss in History*, Manchester 2005, S. 167–172.

Telegraphische Küsse – Hallo ... hallo ...

:-x

Lange vor dem Cybersex gab es den weitaus maßvolleren, doch entschieden eleganteren telegraphischen Kuss.[110]

> »Telegraphische Küsse sind die neue Mode« (*Popular Science*, Mai 1938).
>
> »Küsse telegraphisch zu versenden ist eine neue Art der Faksimileübertragung. Vor kurzem küsste ein Mädchen aus New York ein leeres Telegramm, und der Abdruck des Lippenstifts wurde, wie links im Bild zu sehen, auf den Faksimile-Sender gepresst, um für die Auslieferung in Chicago reproduziert zu werden.«

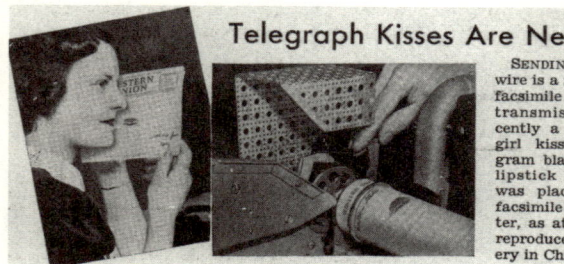

Telegraph Kisses Are New Fad

SENDING kisses by wire is a new use for facsimile telegraph transmission. Recently a New York girl kissed a telegram blank and the lipstick impression was placed on the facsimile transmitter, as at left, to be reproduced for delivery in Chicago.

---

110 *Telegraph Kisses are New Fad, Popular Science*, Mai 1938.

Spionküsse – Ich habe dich im Visier[111]

:-X

Unbeschreiblich ist die Wirkung eines Schmollmunds, ein Augenaufschlag und der Anblick eines wohl geformten Knöchels. Die Geschichte ist gewürzt mit schönen, intelligenten Frauen, die weibliche List anwenden (in vielen Fällen steht ihnen keine andere Möglichkeit zur Verfügung), um Männer in Machtpositionen dazu zu bringen, Staatsgeheimnisse preiszugeben. Russland war auf diesem Gebiet besonders gewieft. Nicht einmal das Genie Albert Einstein war erfahren genug, nicht in die klassische Honigfalle zu tappen.

Eine glamouröse sowjetische Geheimagentin namens Maria Konnenkova traf sich in den 1940ern mit Einstein, um Informationen über das höchst geheim gehaltene Manhattan Project zu erhalten, einem Versuch der Vereinigten Staaten, die erste Atombombe zu entwickeln. Zoya Voskresenskaya, eine andere Spionin, gehörte zu denen, die Stalin warnte, dass Hitler einen Angriff auf die Sowjetunion plante. Im Mai 1941 nahm die Voskresenskaya unter dem Namen Madame Yartseva an einem Empfang für den deutschen Botschafter Werner von Schulenburg teil. Während sie sich mit Schulenburg im Walzertakt drehte, entdeckte sie an den Wänden eines angrenzenden Raums leere Stellen. Offensichtlich hatten hier Bilder gehangen. Ein Blick auf einen Stapel von Koffern im selben Raum und einige Bemerkungen, die der deutsche Diplomat während des Gesprächs fallenließ, versetzten sie in Alarmbereitschaft und bestätigten eine weitere Information über die Pläne der Nazis. Am 17. Juni, fünf Tage vor Beginn der Invasion, erstattete die Voskresenskaya Stalin Bericht. Doch er glaubte ihr nicht.[112]

---

111 Irina Titova, *Soviet Spy Who Outwitted Einstein, The St. Petersburg*, 28. Juli 2004.
112 http://petersburgcity.com/news/city/2004/07/28/russian_spies/

KZ-Küsse

:*~

Selbst in den düstersten Zeiten bleibt der Kuss ein Zeichen der
Menschlichkeit und der Gnade des Menschen.

Am 7. Mai 1945, als die Siebte US-Armee in Dachau einmarschierte
und die 32 000 Menschen rettete, die überlebt hatten, war Sidney Olson, Korrespondent der TIME, dabei. Die ausgemergelten, fast nicht
mehr ihrer Sinne mächtigen, verlausten, typhuskranken, schmutzigen Gefangenen wählten die weltweit gültige Geste der Dankbar-
keit, der Achtung und der Freude, um ihre Befreier zu begrüßen: Sie
küssten sie.

Überwältigt beschrieb Olson, wie sich das seltsame Geräusch, das er
zuerst für den Wind in den Kiefern hielt, als die Jubelrufe Tausender
Menschen entpuppte. Es war eine unübersehbare Zahl von Menschen aller Nationalitäten, sogar zwei Hindus waren darunter. Olson,
der von einem riesigen Russen an die Brust gedrückt wurde, schreibt,
wie dieser »all die US-Insignien auf meinem Mantel abküsste«. Ein
kleiner Pole war so in Hochstimmung, dass er neben uns her rannte,
bis er flach zu Boden fiel und verzweifelt rief: »Hello boys!«

Siegesküsse

:-*

Die Fotografen sollten immer ihre Fotos mit einem detaillierten
Bildtext versehen. Hier folgt die Erklärung, weshalb das so sein sollte:
Alfred Eisenstaedts Bild eines Seemanns, der während der Feier zum
V-J-Tag, dem »Sieg-über-Japan-Tag« am 14. August 1945, auf dem
Times Square eine Krankenschwester küsst, hat keine Unterschrift.

In den darauffolgenden Jahrzehnten haben verschiedene Menschen behauptet, sie seien diejenigen auf dem Bild. 1980 berichtete das *Life*-Magazin, dass elf Männer behaupteten, sie seien der Seemann auf dem Foto gewesen. Darunter befanden sich ein Fischer aus Rhode Island, ein Geschichtslehrer aus New Jersey und ein Kühltechnik-mechaniker der Harvard University. Von allen erschien Glenn McDuffie, 80, aus North Carolina, der Glaubwürdigste zu sein. 1995 hatten drei Frauen vorgegeben, die Krankenschwester auf dem Foto gewesen zu sein. Edith Shain, eine Kindergärtnerin in Beverly Hills, Kalifornien, schien am ehesten der Frau auf dem Foto zu gleichen. Sie wurde 1980 von Eisenstaedt für *Life* fotografiert.

Eisenstaedt starb 1995. *Life* behauptet nach wie vor, dass die Identität des Paars nicht geklärt sei.

Der Kuss auf dem Times Square lebt weiter und wurde mehrere Jahre lang jährlich neu inszeniert und gefeiert. 1996 veröffentlichte der *New Yorker* eine Kopie des Bilds, um einen Homosexuellen-Sonntag zu begehen. Auf diesem Bild handelt es sich allerdings um zwei Seeleute, die sich küssen.

Der fälschlich identifizierte Kuss

:-x

Das vielleicht populistischste romantische Bild von allen ist *Le Baiser de l'Hôtel de Ville* von Robert Doisneau, das 1950 auf einer Pariser Straße aufgenommen worden war. Es wurde zigmal reproduziert und zeigt zwei Liebende, die sich hingebungsvoll küssen und alles um sich herum vergessen haben.

Dieses Bild beschwört ein universelles Gefühl herauf, einen Augenblick, in den man sich gut hineinversetzen kann, und genau das taten

Denise und Jean-Louis Lavergne 1988, als sie glaubten, sie seien das
Paar auf dem Bild. Sie waren 1950 auf dieser Straße gewesen und
konnten dies durch ein Tagebuch beweisen. Denise hatte sogar noch
den Rock und die Jacke, die sie an jenem Tag getragen hatte, und
Jean-Louis erkannte den blauen Schal, den ihm seine Schwester zu
Weihnachten geschenkt hatte. Nachdem sie mit Doisneau Kontakt
aufgenommen hatten, wurden sie für einen Dokumentarfilm enga-
giert, doch als die Filmmaterial mit ihnen herausgeschnitten wurden,
waren sie sehr betrübt, dass sie keine Chance hatten, ihre Liebesgeschichte mit der Öffentlichkeit zu feiern. Also gingen sie vor Gericht, um zu beweisen, dass sie das legendäre Paar waren. Nach dem
französischem Recht auf Schutz der Privatsphäre argumentierten sie,
dass ihr Bild von Doisneau »gestohlen« worden sei und verlangten
Schadenersatz.

Vielleicht hat das Bild eine visuelle Darstellung »wahrer Liebe« ein-
gefangen, doch es war in keiner Weise *echt*. Es stellte sich heraus, dass
das Bild gestellt war und dass es sich bei dem Paar in Wahrheit um
eine Schauspielerin namens Françoise Bornet und ihren Freund handelte. Bornet, die von Doisneau einen kleinen Geldbetrag erhalten
hatte, versuchte zu erwirken, dass sie an den künftigen Einnahmen
prozentual beteiligt werde.

Das Gericht befand, dass der Kuss nicht von den Lavergnes hatte
»gestohlen« werden können, und zwar aus dem einfachen Grund,
weil sie nicht das Paar auf dem Foto waren.[113]

---

113 Adrianne Blue, *On Kissing: From the Metaphysical to the Erotic*, Victor Gollancz,
1996, S. 187–190.

007-Küsse

Die »Lippenstift«-Pistole war eine Waffe, die vom KGB während des Kalten Kriegs eingesetzt wurde. Es war eine 4,5-mm-Pistole, die in einer Lippenstifthülle versteckt war und als »Der Todeskuss« bezeichnet wurde. Diese Waffe wurde zuerst anlässlich einer Personenkontrolle am Grenzübergang nach Westberlin entdeckt.

Der Lippenstift war eine von vielen Möglichkeiten, Waffen bei Geheimoperationen zu verbergen – Fackeln, Füller, Tabakpfeifen und Zigarettenschachteln dienten ebenfalls als Versteck und die ziemlich unangenehme »Rektalpistole« mit einer Gummihülle, die genau an der Stelle versteckt wurde, die ihre Bezeichnung verrät. Da möchte man beileibe nicht, dass sich ein Schuss verfrüht löst.[114]

Ay-Caramba-Küsse

1969 versuchte man in der Stadt Inca, Mallorca, gegen junge Liebespaare, die in der Öffentlichkeit schmusten, scharf vorzugehen. Als der Polizeichef Vorladungen verteilte, die die Zuwiderhandelnden 500 Peseten pro Kuss kosteten, protestierte eine Gruppe von 30 Personen, indem sie am Hafen in Cala Figuera ein Kiss-in inszenierte. Nachdem die Polizei sie alle zusammengetrieben hatte, wurde gegen die verliebten Rebellen zu einer Geldstrafe von 45 000 Peseten verhängt, dann ließ man sie später wieder frei.

---

114 http://www.spymuseum.org/about/faq.php

Arabische Küsse,
bei denen man einen Kopf kürzer wird

:-*

Am 25. März 1975 neigte König Faisal von Saudi-Arabien seinen Kopf, da er einen Kuss von seinem Neffen Prinz Faisal bin Mussad Abdel Aziz erwartete. Doch stattdessen schoss der Prinz auf ihn. Der König, der noch lebte, wurde eilends ins Krankenhaus gebracht. Doch die Ärzte konnten ihn nicht retten, da die Kugeln unter dem Kinn und durch die Ohren eingedrungen waren.

Prinz Faisal bin Mussad wurde dann des Königsmords für schuldig befunden und im Juni 1975 auf dem öffentlichen Platz in Riyadh enthauptet. Die Motive des Prinzen wurden nie geklärt.[115]

Zerstörerische Küsse

:-x

In einem Fall künstlerischen Destruktivismus küsste Ruth van Herpen bei einem Besuch des Oxford Museum of Modern Art (1977) ein weißes monochromes Gemälde von Jo Baer. Da sie einen Lippenstiftabdruck hinterließ, wurde verfügt, dass sie die Kosten für die Restauration übernehme. Bei ihrem Prozess argumentierte sie, dass sie das »kühle« Kunstwerk geküsst habe, um es »aufzumuntern«.

---

115 http://www.news.bbc.co.uk/onthisday/hi/dates/stories/march/25/newsid_4233000/423359.stm

Kommunistische Küsse

:-X

Dmitri Vrubels großes Wandgemälde von Leonid Breschnew, auf dem er Erich Honecker küsst, hatte einen Ehrenplatz in der East Side Gallery, die 1990 ins Leben gerufen wurde, um den Mauerfall in Berlin, der 28 Jahre später erfolgte, zu würdigen. Die Galerie stellte Werke von 118 Künstlern aus 24 Ländern aus, die einen übriggebliebenen Teil der Wand als Leinwand benutzten. Doch die Witterung, Umweltverschmutzung und Vandalismus forderten ihren Tribut, und die Berliner Behörden behaupteten, dass *Der Kuss* nicht zu restaurieren sei. Vrubel konnte lediglich einen neuen malen, meinten sie.

»Diese Barbaren! Mein Gemälde ist zerstört worden«, wetterte Vrubel. »Ich habe kein Problem mit einer Restauration, aber ich kann nicht einfach ein neues Bild malen, wie man ein Sandwich macht. Man hat auf der ganzen Welt Postkarten, Teetassen, Kaffeebecher und Schlüsselhalter mit diesem Bild darauf verkauft, und ich habe keinen Cent davon gesehen.«[116]

Kreml-Küsse

:*~

Am 6. Dezember 1992 erlebte Russland seinen ersten Sexskandal in der Boulevardpresse, als Daria Aslamova, eine 23-jährige Journalistin, in ihren *Notes of a Naughty Girl* behauptete, sie habe zwei der bekanntesten Persönlichkeiten des Kongresses geküsst – den 50-jäh-

---

116 http://www.spiegel.de/international/germany/0,1518,615900,00.html

rigen Sprecher Ruslan Chasbulatow und einen 45-jährigen Führer der einflussreichsten Oppositionskoalition.

Offensichtlich hatte Chasbulatow sie eingeladen, sich seine Pfeifensammlung anzusehen und ihr polnischen Wodka aufgedrängt. »Er kannte die Frauen und wusste, wie man mit ihnen redete. Es war eindeutig, er wollte mich. Und es gibt wohl kaum eine Frau auf der Welt, die es nicht liebt, die Glut in den Augen eines Mannes zu entdecken, selbst wenn er ein Quasimodo ist.«[117]

Kleinere Küsse zweifelhafter Art

:-*

1996 wurde Jonathan Prevette, ein Erstklässler aus Lexington, North Carolina, über Nacht berühmt und zu allen möglichen Talkshows in allen Teilen der USA eingeladen. Weshalb war er so berühmt? Er hatte ein Mädchen auf die Wange geküsst und war deshalb der Schule verwiesen worden, weil dieser Vorgang den Tatbestand »unwillkommener Berührung« erfüllte. Der Wirbel in den Medien war so groß, dass sich das Bildungsministerium der Vereinigten Staaten gezwungen sah, seine Richtlinien bezüglich sexueller Belästigung neu zu verfassen, da es nicht die Küsse von Erstklässlern bedacht hatte.

---

117 *Kiss and tell comes to the Kremlin*: Andrew Higgins.

Küss mich – Töte mich

:-x

Ein raffinierter Todeskuss, der in aller Offenheit einem Liebhaber gegeben wird, der fremdgegangen ist …

Der *Shanghai Daily* berichtete von einer heimtückischen Rache, die eine Chinesin mit einem mit Rattengift vergifteten Kuss an ihrem Liebhaber genommen hatte, da sie ihn der Untreue verdächtigte:

> Xia Xinfeng aus Maolou, der Hauptprovinz von Henan, schob während eines Kusses eine Kapsel mit Rattengift von ihrem Mund in den ihres langjährigen Liebhabers Mao Ansheng. Mao schluckte die Kapsel und starb kurz darauf.
>
> Das Paar hatte sich geschworen, dass wenn einer von beiden den anderen betrog, dieser sterben müsse, schrieb die Zeitung, als sie den Mund-zu-Mund-Angriff erklärte.

Xia ertappte Mao dabei, wie er mit einer anderen Frau »redete«, und vermutete, dass er ihr Versprechen gebrochen habe.
Xia wurde im September 2007 zum Tode verurteilt.

IV
KULTURELLE KÜSSE

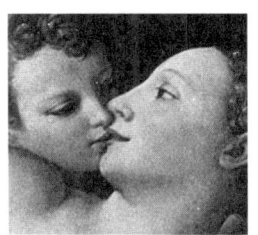

Der Kuss ist mit der menschlichen Kultur eng verwoben. Ob es sich um Kinderreime, Spielplatzspiele, Traditionen, Bräuche oder Sprichwörter handelt, er ist auf jeden Fall das Konfekt in den Bereichen der Kunst, der Literatur, der Poesie, des Films, der Fotografie, der Musik und des Sports. Ob der Kuss symbolisch oder tatsächlich dargestellt wird, er ist immer inspirierend, er ist überall, nirgendwo, sichtbar, unsichtbar, flüchtig, patentiert, genießbar, durstlöschend, gekauft, verkauft, geraubt, gerühmt, angeprangert, er steht in den Schlagzeilen, ist skandalös, sündig und mörderisch. Es gibt im kulturellen Spektrum des Westens keinen Bereich, in dem nicht geküsst wird.

KÜSSE IN DER KUNST

Ob in Stein gehauen oder gezeichnet oder eingeätzt oder gemalt, der Kuss wurde entsprechend dem Stil und dem Geschmack seiner Zeit dargestellt, von der primitiven Kunst bis zur modernen. Der folgende Abschnitt umfasst ein Kaleidoskop von Kunstbewegungen und zeigt verschiedene Darstellungen des Kusses.

Antike und klassische Kunst

:-X

Auf einer antiken Schale aus dem 5. Jahrhundert v. Chr. (aus einer griechischen Provinz, zu der auch Athen gehörte) küsst ein Mann einen Jüngling. Es wurden viele solcher Darstellungen gefunden, vor allem bei der Vasenmalerei, sowie Tausende von Inschriften, die die Schönheit der Jugend preisen.

Aus dem 4. bis 5. Jahrhundert v. Chr. stammt ein iberisches Steinrelief, das in Osuna, Spanien, gefunden wurde. Es zeigt die Seitenansicht eines küssenden Paares und kann jetzt im Nationalen Archäologischen Museum in Madrid bewundert werden.

In Indien gibt es ein berühmtes Relief aus dem 8. Jahrhundert, auf dem ein Paar dargestellt ist, das sich küsst. Das Relief wurde in dem in den Felsen gehauenen Tempel von Kailasa in Elure gefunden. Die Gottheiten Shiva und Shakti (die getrennten männlichen und weiblichen Götter) werden in einer Umarmung gezeigt, die ihr Bedürfnis verrät, wieder vereint zu werden und ein Ganzes zu bilden.

Mittelalterliche Kunst

:*~

In der frühen christlichen Ikonographie war es üblich, Motive der wohlbekannten heidnischen Mythen zu entlehnen, sie neu zu deuten und als Entwürfe für Sarkophage zu verwenden. So war zum Beispiel der Mythos von Psyche (menschliche Seele) und Cupido (Liebe)[118], die in einer göttlichen Umarmung vereint sind, sehr beliebt. Die Darstellung der schönen Psyche, die durch einen Kuss von Cupido, dem Liebesgott, geweckt wird, weist auf den Glauben (oder die Hoffnung) auf ein Leben nach dem Tod hin, in dem die Seele die ewige durch die Liebe versprochene Glückseligkeit genießt.

In der mittelalterlichen Kunst wurde der Kuss eher in Form des Wangenkusses als des Kusses auf den Mund dargestellt, der selten gezeigt wurde. Das Gesicht wurde, wie in vielen Szenen aus dieser Zeit sowohl in der Bildhauerei als auch in der Malerei zu sehen ist, ganz oder zu drei Viertel porträtiert.

Verschmelzungsküsse oder 2-in-1

:-*

Auf einer Miniatur eines venezianischen Manuskripts aus dem 14. Jahrhundert – *L'Acerba* von Cecco d'Ascoli – wird die Verschmelzung zweier Körper dargestellt. Die Miniatur wird in der Biblioteca Medicea-Laurenziana in Italien aufbewahrt. Sie zeigt zwei weltliche Liebende, die sich küssen, und ist bemerkenswert aufgrund der Art und Weise, wie sie das Einswerden des Liebespaars darzustellen

---

118 Dieser Mythos ist sowohl griechischen als auch römischen Ursprungs. Bei den Griechen trägt er den Namen Eros, bei den Römern Cupido.

vermag. Solche Darstellungen sind bekannt als 2-in-1-Motive. Im hohen Mittelalter wurde das Laster des Luxus gewöhnlich durch ein Paar dargestellt, das sich umarmt und küsst. Eine besonders gute Darstellung findet man in den *luxuria*-Reliefs in den Kathedralen von Chartres und Amiens (1225).

Gotische Kunst

:-x

Giotto de Bondone (ca. 1267–1337) kehrte der Ikonographie der früheren religiösen Kunst den Rücken. Seine Malerei war für seine Zeit erstaunlich realistisch, da er seine Figuren mit identifizierbaren Emotionen ausstattete. Auf seinem Gemälde *Der Judaskuss* stellt er den vermutlich bekanntesten Kuss der Menschheitsgeschichte dar. In dieser dichtgedrängten Szene einander überlagernder Figuren stehen sich Christus und sein Verräter gegenüber. Judas hüllt Christus fast völlig in seinen Mantel ein, als wolle er sie beide zu einer Person verschmelzen lassen. Ihr Blick und ihre körperliche Nähe erinnern an die faszinierende Macht des Liebeskusses und stehen in starkem Widerspruch zu der heftigen Verwirrung, die um sie herum herrscht. Es ist nicht klar, ob Judas im Begriff ist, Christus zu küssen, oder ihn bereits geküsst hat, doch die Wirksamkeit des Kusses steht im Mittelpunkt des Gemäldes.

Von 1300 bis 1310 malte Giotto eine Reihe von Fresken für die Scrovegni-Kapelle in Padua, die das Leben der Jungfrau Maria darstellen. Dazu gehört auch eine Darstellung von Joachim und Anna, Marias Eltern, die sich küssen – ein sehr frühes Beispiel für einen Kuss zwischen Mann und Frau in der westlichen Kunst.

Renaissance-Küsse –
Das Gefühl der Wiedergeburt

:-X

Um 1545 herum wurde Agnolo Bronzino beauftragt, ein Gemälde zu schaffen, das unter dem Titel *Venus, Cupido, Torheit und Zeit* Berühmtheit erlangte. In ihm scheinen Mutter und Sohn im Begriff zu sein, eine sexuelle Begegnung zu erleben: Cupido streichelt die Brüste seiner Mutter und küsst sie auf die Lippen. Die Beine der Venus sind leicht gespreizt, und ihre Zunge ist zu sehen, was für einen Skandal sorgte. Mindestens einer der Gemäldebesitzer hat dies übermalt. Ein erstaunliches Gemälde, das für starke Kontroversen zwischen den Gelehrten gesorgt hat. Bis heute herrscht unter den Kunstgeschichtlern Uneinigkeit über die Grundidee des Gemäldes.

Küsse im neoklassizistischen Stil –
Wie das erste Mal, nur besser

:*~

Der italienische Bildhauer Antonio Canova (1757–1822) ist bekannt für seine frommen und mythologischen Kunstwerke. Seine Skulptur *Amor und Psyche*, die zwischen 1787 und 1793 entstand, bedient sich des vertrauten Mythos (siehe oben) und zeigt das Paar, das im Begriff ist, sich zu umarmen. Canovas Kuss steht für immer kurz bevor, da sich die Lippen des Paars nicht berühren.

Rokoko

:-*

Der französische Maler Jean-Honoré Fragonard (1732–1806) beherrschte verschiedene Stilarten, war aber am meisten wegen seiner wunderlichen romantischen Themen bekannt. Das Gemälde *Der geraubte Kuss* zeigt ein attraktives junges Paar. Die Frau trägt ein spitzenbesetztes langes Seidenkleid, und ihr Möchtegern-Liebhaber küsst sie gerade noch auf die Wange, während er durch das Fenster türmt. Durch die Farbe der Haut und des Stoffes vermittelt das Bild einen schwelgerischen Luxus, der einer oberen Gesellschaftsschicht vor der Revolution gefallen hätte, und Fragonards »küssender Bandit« stellt die Verkörperung der Verschmitztheit des Rokokostils dar.

Romantik

:-x

Francesco Hayez (1791–1882) war ein bekannter italienischer Porträtmaler, der ebenfalls historische und allegorische Themen als Vorlage für seine Gemälde wählte. Sein besonderes Talent bestand darin, den Anblick und das »Gefühl« prachtvoller Kleidung wiederzugeben. Vermutlich lockte das reiche Modelle an, die sich gern in ihren prachtvollen Gewändern abgebildet sehen wollten. *Der Kuss* (1859) zeigt ein Paar, das sich umarmt, wodurch die Gesichter der beiden verborgen bleiben. Offensichtlich war es ein heimlicher Moment der Leidenschaft. Doch das Auge des Betrachters verweilt nicht auf ihrem Kuss, sondern auf der erstaunlichen Qualität des Kleids, ein Beispiel für Hayez' Virtuosität.

Achille Devérias Gemälde *Der Harem* demonstrierte einen etwas gewagteren Kuss, denn es zeigt zwei sich küssende Frauen. Allerdings handelt es sich nicht um einen Kuss auf die Lippen, sondern um einen Kuss in einer tieferen Körperregion, was dem Betrachter sowie der Teilnehmerin Vergnügen bereitet.

Präraffaeliten

Eines der bekannteren Gemälde des irischen Malers Frederic William Burton ist *The Meeting on the Turret Stairs* (1864). Er entlehnte das Thema einer mittelalterlichen dänischen Ballade, die von der tragischen Liebesgeschichte zwischen Hellelil und ihrem Leibwächter Hildebrand handelt. Als Hellelils Vater ihre Liebe entdeckt, verurteilt er Hildebrand zum Tod. Hildebrand tötet daraufhin Hellelils Vater und sechs ihrer Brüder, bevor sie eingreift, um den jüngsten zu retten. Hildebrand erliegt seinen Wunden, und Hellelil stirbt kurz darauf. Burtons Gemälde zeigt das letzte Treffen der Liebenden. Burton stellt ihren Abschied auf der Turmtreppe dar. Hildebrand küsst ihren ausgestreckten Arm, aber die beiden haben keinen Augenkontakt, was dem Gemälde eine besondere Eindringlichkeit verleiht.

Cherubküsse

Amor und Psyche (1890), bekannter als *Erster Kuss*, ein Gemälde von Adolphe-William Bouguereau (1825–1905), stellt zwei küssende Cherubim dar. Wie es unter den Malern der zweiten Hälfte des 19. Jahrhunderts üblich war, stellte Bouguereau eine konzentrierte Studie von Form und Technik dar und holte sich seine Inspiration aus der Klassik. Die Warmherzigkeit in seinen Kinderporträts und in den Darstellungen häuslicher Szenen ist ein Markenzeichen seines Stils. Dieses Gemälde wurde ein Klassiker der Grußkarten.

Realistische Küsse – Nichts für schwache Nerven

:-*

Als Auguste Rodin seine ersten Skulpturen der Öffentlichkeit präsentierte, wurde sein naturalistischer Stil als abscheulich und brutal angesehen. Das Paar in seiner Skulptur *Der Kuss* ist nicht idealisiert. Es handelt sich um klassisch nackte Figuren, die deutlich ihre sexuelle Begierde zeigen, auch wenn sie sich nicht wirklich küssen.

Impressionistische Küsse – Da du nur eine Chance hast

:-x

Paul Cézanne (1839–1906), einer der Begründer des Impressionismus, ist bekannt für seinen leichten energischen Pinselstrich. Doch eines seiner frühen Werke *Der Kuss der Muse* (oder *Der Traum des Dichters*) weist keineswegs die Energie auf, mit denen seine Gemälde in Verbindung gebracht werden, und lässt nicht vermuten, dass Cézanne in dieser Phase von der Muse geküsst worden sei.

»Ein Amerikaner in Paris«-Küsse

:-X

Mary Stevenson Cassat (1844–1926) war eine amerikanische Künstlerin, die in engen Zusammenhang mit Edgar Degas gebracht wurde. Nachdem sie hart gearbeitet hatte, wurde ihr schließlich in späteren Jahren etwas Anerkennung für ihr Werk mit dem Thema »Mutter und Kind« zuteil. Es gelang ihr, die übertriebene Sentimentalität, die oft mit diesem Genre in Zusammenhang gebracht wird, zu vermeiden. *Maternal Kiss* (Mütterlicher Kuss) zeigt einen entspannten Augenblick, in dem eine Mutter ein betrübtes, hübsches Kind beruhigt.

»Posieren für den Kuss«-Küsse – oder »Wenn Blicke töten könnten«

:*~

Tanz in Bougival von Renoir zeigt ein tanzendes Paar. Der Mann scheint im Begriff zu sein, sie zu küssen, doch sie blickt zur Seite und lässt die Mundwinkel hängen. Renoirs Modell war Suzanne Valadon, selbst eine berühmte Künstlerin. Bevor sie Akrobatin wurde, hatte sie als Damenschneiderin gearbeitet. Nach einem Unfall stand sie Künstlern Modell. Sie war Renoirs Muse und Geliebte. Man vermutet, es ließ auf seine Gefühle gegenüber Frauen schließen, dass er sie mit hängenden Mundwinkeln malte. Frauen hatten bei Renoir entweder eine Rolle im häuslichen Bereich, oder sie inspirierten ihn. Aus seinem Porträt von ihr spricht Renoirs Unbehagen, denn Suzanne war eine Person mit einem unabhängigen Geist.[119]

---

119 http://blogs.princeton.edu/wri152-3/so6/mgawrys/dance_at_bougival_2.html

Postimpressionistische Küsse –
mit Nachgeschmack

:-*

Henri Toulouse-Lautrec (1864–1901) ist berühmt dafür, dass er in seinen Bildern die Pariser Halbwelt des ausgehenden 19. Jahrhunderts einzufangen versuchte. Auf einigen seiner intimsten Gemälden zeigt er lesbische Umarmungen von »dienstfreien« Prostituierten. Die Vor- und Nachmittage in den Bordellen boten den Frauen die Zeit, miteinander zu entspannen. Lautrecs provokativste Skizze ist *Der Kuss* (1892), auf der zwei sich innig umarmende Frauen auf einem Bett dargestellt werden. Laut seiner Biographin Julia Frey, war Lautrec besonders begabt, Körpersprache im Gemälde wiederzugeben.[120] Diese Frauen brauchen ihre Liebe nicht in Worte zu fassen, denn man erkennt diese an ihrer natürlichen Haltung.

Abstrakte Küsse –
Verschleierte Absichten

:-x

Der rumänische moderne Bildhauer Constantin Brâncuși (1876–1957) vereinfachte in seinen Skulpturen die Formen, verwarf Jahrhunderte der Bildhauertradition, vereinte den Einfluss seines klassischen Trainings mit dem seiner bäuerlichen Herkunft. Seine Philosophie, »die Idee, die Essenz der Dinge« auszudrücken, prägte seine künstlerische Auffassung, und *Der Kuss* (1916) weist, was die »Ursprünglichkeit« angeht, eine Ähnlichkeit mit den Skulpturen der Osterinsel auf.

---

120 Julia Frey, *Henri de Toulouse-Lautrec.*

Art-Nouveau-Küsse

:-X

Gustav Klimt (1862–1918) schuf das Gemälde *Der Kuss* (1907/08), zweifellos sein berühmtestes Werk, das heutzutage nicht mehr von den Wänden der Studentenbuden wegzudenken ist. Ein Paar wird in Goldblatt dargestellt und verziert mit farbigen Symbolen. Lediglich seine Gesichter, Hände und Füße sind zu sehen. Ein fröhlicher und ausgelassener Ausdruck sexueller Liebe, ist Klimts *Der Kuss* ebenfalls ein deutlicher Ausdruck der um die Jahrhundertwende in Wien herrschenden Dekadenz.

Moderne

:*~

Marc Chagall begann vermutlich mit seinem Gemälde *Bouquet aux Amoureux volants* (1947) schon 1933–1934 in Paris und arbeitete mit Unterbrechungen mehrere Jahre daran. Schauplatz ist das Innere eines Raums mit einem großen Fenster auf der rechten Seite. Die Köpfe des Liebespaars tauchen über einem Blumenstrauß auf, ihre Körper sind dahinter verborgen. Im oberen rechten Bildrand fliegt ein Engel durch das Fenster und streckt eine Hand nach ihnen aus. Chagall sah in dem Bild einen Ausdruck von Verlustgefühlen und Nostalgie.

Expressionistische Küsse

:-*

Der norwegische Maler Edvard Munch (1863–1944), dessen bekanntestes Werk *Der Schrei* ist, fertigte mehrere Gemälde, in denen er Beziehungen thematisierte. Sein Bild *Der Kuss* (ein bei ihm wiederkehrendes Thema) zeigt ein Liebespaar, das derart miteinander verschmolzen ist, dass sogar die Gesichter der Liebenden miteinander verschmelzen.

Kubistische Küsse – scharfkantig

:-X

Unter den vielen kubistischen Deutungen von *Der Kuss*, die von Pablo Picasso gemalt wurden, befindet sich ein Gemälde, das er einen Tag vor seinem 88. Geburtstag fertigstellte. Ob es sein bestes ist, sei dahingestellt, doch es wurde für 15,5 Millionen Dollar (insgesamt 17,4 Millionen Dollar plus Käuferprämie) bei Sotheby's New York (2008) verkauft.

Surrealistische Küsse – Wow, you blew my mind (Songtext)

:-X

In René Magrittes *Die Liebenden* (1928) küsst sich ein Liebespaar, das in Leichentücher gehüllt ist. Die Symbolik lautet hier, dass Liebe blind macht, das Tuch trennt das Paar, wie das Gespenst des Todes die Leidenschaft einhüllt. Übrigens ertrank Magrittes Mutter, als er

noch ein Kind war. Als man sie fand, war ihr Kopf mit ihrem Nacht-
hemd verhüllt.[121]

Pop-Art-Küsse

:*~

Der Kuss (1962) des amerikanischen Künstlers Roy Lichtenstein
(1923–1997) vergrößert ein klassisches »Comic-Buch« zu ikonenarti-
gen Proportionen. Die kühnen Farben und offensichtlichen Benday
Dots des Druckprozesses erinnern an die Werbung und die Boule-
vardblätter jener Zeit und fordern in ihrer Unverfrorenheit die Konventionen der Moral der frühen 1960er Jahre heraus.

Warhol-Küsse

:-*

1963 kaufte ein wenig bekannter Andy Warhol eine Schwarzweiß-
Kamera und begann, einen Stummfilm im 16-mm-Format mit
Freunden und Bekannten zu drehen, die sich in ununterbrochenen
drei- bis vierminütigen Aufnahmen küssten. Dieses Projekt sollte
den Beginn seiner Karriere als Künstler einleiten. Jede Woche wurde
im Gramercy Arts Theater in New York ein neuer Kuss gestartet. Die
daraus hervorgehende Serie *Kiss* war ein 54-minütiger Underground-
Film, eine Montage der Kurzfilme. Er zeigte verschiedene Paare
unterschiedlichen Geschlechts; manchmal war das Geschlecht eines
Küssenden nicht identifizierbar.

---

121 Adrianne Blue, *On Kissing*, Indigo Edition 1997, S. 56.

LITERATUR

Am Anfang war das Wort … Und das Wort war KUSS.

Mythologie

:-X

CUPIDO UND PSYCHE   Psyche, die zu schön ist für bloße sterbliche Männer und von Venus beneidet wird, wird auf eine Bergspitze gebracht, um auf ihren unbekannten Verehrer Cupido zu warten, der, eingehüllt in die Dunkelheit, zu ihr kommt. Und damit beginnt ihre epische Liebesgeschichte. Als sie verzweifelt versucht herauszufinden, wen sie gerade küsst, schreckt sie den göttlichen Cupido mit Tropfen ihrer brennenden Öllampe auf, und er flieht. Venus stellt Psyche verschiedene herkulische Aufgaben, die sie zu lösen vermag. Schließlich wird ihr die Göttlichkeit verliehen, sie zieht im Olymp ein und heiratet Cupido. (Vielleicht eine Lara Croft früherer Zeiten?)

PARIS UND HELENA   In Homers *Ilias* brennen Paris und Helena, die Königin von Sparta, durch und verursachen den Fall von Troja, als Helenas Mann Menelaos Rache wegen ihres Treuebruchs verlangt. Christopher Marlowes Beschreibung ihrer Haltung in *Doktor Faustus* ist berühmt geworden:

> »*War das der Blick, der tausend Schiffe trieb ins Meer,*
> *der Trojas hohe Zinnen stürzte?*
> *O mache mich mit einem Kuss unsterblich!*

Ihr Mund saugt mir die Seel aus – Sieh, da fliegt sie!
Komm, Helena, gib mir die Seele wieder!
Hier lass mich sein, auf diesem Mund ist Himmel …«

Christopher Marlowe, *Doktor Faustus*

Legendäre Liebespaare – der Stoff der Folklore

:*~

ABAELARD UND HELOISE »Ihre Studien erlaubten uns, uns zurückzuziehen, da es die Liebe verlangte. Mit unseren Büchern offen vor
uns liegend, redeten wir mehr über Liebe als über Bücher und küssten mehr, als dass wir lernten.«

(Die) *Leidensgeschichte* (ca. 1130) von Abaelard (1079–1142) erzählt
seine tragische Liebesgeschichte mit Heloise (1100–1163). Zwischen
1108 und 1118 war Abaelard ein angesehener Lehrer in Paris. Schüler
aus ganz Europa strömten herbei, um ihn zu hören; er hatte, wie er
uns erzählt, die gesamte Welt zu seinen Füßen. Doch als er eine Af-
färe mit Heloise, eine seiner Schülerinnen und die Nichte des Domherrn Filbert begann, fiel er tief. Akribisch gibt er die Geschichte
wieder: Die Flucht Heloise' nach Pallet, wo ihr Sohn geboren wurde,
die heimliche Heirat, Heloise' Rückzug ins Kloster von Argenteuil
und die brutale Rache des Domherrn – Abaelards Kastration.

LANCELOT UND GUINEVERE Der Kuss, den die ehebrecherische
Königin einem Ritter gab und der umrankt war von Legende und
Folklore, wurde für alle Zeiten in Dantes *Göttlicher Komödie* ver-
ewigt.[122]

---

122 Nicolas J. Perella, *The Kiss and Profane*, University of California Press 1969, S. 128.

»Und die Königin breitet ihre Arme aus, um ihn zu küssen und zu umarmen, drückt ihn fest an ihren Busen und zieht ihn auf das Bett neben sich und erweist ihm jede mögliche Befriedigung, als sie sich küssen und liebkosen. Es überkam sie eine solche wundersame Freude, wie sie noch gesehen oder erlebt wurde.«[123]

TRISTAN UND ISOLDE   Diese romantische Tragödie berichtet von der zum Scheitern verurteilten Liebesgeschichte zwischen dem kornischen Ritter Tristan und der irischen Prinzessin Isolde. Nachdem sie versehentlich einen Liebestrank zu sich genommen haben, küssen sie sich zum ersten Mal leidenschaftlich. Es ist ein ekstatischer Liebeskuss, und er besiegelt ihr Schicksal bis zum Tod.

»Unser Beider Leben führet Ihr.
Nun geht herzu und küsset mich:
Tristan und Isot, ihr und ich,
Wir Zwei sind immer Beide
Ein Ding in Lieb und Leide.
Lasst diesen Kuss das Siegel sein,
Dass ich euer und ihr mein
Verbleiben stets bis an den Tod:
Nur Ein Tristan und Isot!«[124]

---

123 Chretien de Troyes, *Lancelot the Knight of the Cart.*
124 Gottfried von Straßburg, *Tristan und Isolde*

Folklore und Märchen

:-*

AUF IMMER UND EWIG   Frühere Versionen des Dornröschenmärchens waren viel düsterer als die uns heute vertraute versüßte Disneyversion. Als Prinz Troylus in der Version vom 11. Jahrhundert die schlafende Zellandine entdeckt, vergewaltigt er sie. Die Prinzessin, die zum Glück nichts bemerkt, schläft weiter. In der Version *Das Pentameron* aus dem 17. Jahrhundert treibt sich Talia einen Splitter in den Finger, fällt in einen tiefen Zauberschlaf und wird von einem vorbeikommenden König vergewaltigt. Sie ist jedoch ohne Bewusstsein, genau wie vorher, bis sie schließlich Zwillinge zur Welt bringt (ebenfalls im Schlaf). Doch schließlich wird sie von einem ihrer Babys geweckt, das ihr den mit einem Zauber belegten Splitter aus dem Finger heraussaugt. Der Kuss erschien zuerst in Charles Perraults Version *La Belle au Bois Dormant* (Die Schöne im schlafenden Wald) (1697), und im *Dornröschen* der Gebrüder Grimm (1812) wacht Dornröschen schließlich auf.

TIERISCHE KÜSSE – DIE EINEM UNTER DIE HAUT GEHEN   In vielen Kulturen gibt es Geschichten von der Verwandlung durch Küsse. Dabei muss ein Mädchen ein Tier wie z. B. einen Bären, eine Ziege, einen Affen, einen Wolf oder ein Krokodil küssen. Solche Geschichten lehren die Frauen, dass sie schließlich etwas in einem Mann, den sie sich nicht ausgesucht hatten, finden würden, das sie lieben könnten, denn traditionsgemäß waren die Ehen arrangiert.
Die Schöne in Madame de Villeneuves Version von *Die Schöne und das Biest* sinnt darüber nach, dass viele Mädchen dazu gezwungen werden, reiche Scheusale zu heiraten, die viel brutaler als ihr Biest sind, das nur äußerlich ein Tier ist, aber nicht in seinen Gefühlen oder Handlungen.

AMPHIBISCHE KÜSSE – DIE EINEN KALTLASSEN In *Die Prinzessin und der Frosch* (*Froschkönig*) schließt eine verwöhnte Prinzessin mit einem Frosch Freundschaft, als sie ihren goldenen Ball in seinen Teich fallen lässt. Da er ihr den Ball herausfischt, sieht sie sich gezwungen, den Frosch mit nach Hause zu nehmen und ihn trotz ihres Ekels zu küssen. Durch den Kuss verwandelt er sich in einen hübschen jungen Mann. Es gibt verschiedene Versionen dieses Märchens, doch bei allen geht es um Willfährigkeit, Unterwürfigkeit und Passivität.

BETÄUBENDE KÜSSE – DIE EINEN IN EINEN ZUSTAND DER ERSTARRUNG VERSETZEN In Hans Christian Andersens Märchen *Die Schneekönigin* spielt Kai, ein kleiner Junge, mit seiner Freundin Gerda im Schnee, als er von der bösen Schneekönigin weggelockt und in ihren Palast aus Schnee und Eis gebracht wird. Auf dem Weg dorthin, küsst sie ihn auf die Stirn – ein Mal, damit er die Kälte nicht mehr spürt, und ein zweites Mal, damit er alles vergisst. Sie küsst ihn dann nicht noch ein weiteres Mal, da sie sagt, das würde ihn töten. Als Gerda ihm schließlich zu Hilfe eilt, ist er total erstarrt. Als Gerdas Tränen ihn benetzen, beginnt er aufzutauen und lebt allmählich wieder auf. Als sie die Schneekönigin besiegt haben, kehren sie nach Hause zurück …

Historischer Roman

:-x

SATIRE In seiner phantastischen Satire *Gargantua und Pantagruel* wägt François Rabelais einen päpstlichen Willkommenskuss ab:

> »O ihr drey, viermal seeligen Leut! Schrien sie, so seyd uns doch hoch und höchst und abertausendmal höchst willkommen! – damit warfen sie sich zur Erd und wollten uns die Füße küssen, aber wir wolltens nicht zugestehen, anführend, dass sie ja dem Papst, wenn er etwa einmal durch Schickung in eigener Person zu ihnen käm, nicht größre Ehr erzeigen könnten. – Doch, o doch! versetzten sie, das könnten wir; das können wir; und ist schon unter uns ausgemacht. Wir küssten ihm den blanken Hintern ohn Blatt, zusamt den Geilen; denn er hat wohl Geilen, der heilige Vater!«
>
> François Rabelais, *Gargantua und Pantagruel*

WIEDERGUTMACHENDE RUSSISCHE KÜSSE – EIN FAST PERFEKTES ENDE In Dostojewskis *Schuld und Sühne* führt Raschnikow ein erbärmliches Leben, das immer unerträglicher wird, als er seine skrupellose Hauswirtin und ihre Halbschwester tötet. Tagelang stolpert er desorientiert im Fieberwahn durch St. Petersburg. Obwohl er wegen der Morde ins Gefängnis geworfen wird, scheint erst nach seinem Geständnis gegenüber Sonja eine Wiedergutmachung möglich. Da er am Leben verzweifelt, fragt er sie, was er tun sollte.

> »›Was du jetzt tun sollst?‹, ruft Sonja aus und ihre Augen funkeln. ›Mach dich sofort auf den Weg, bleib an einer Kreuzung stehen, knie nieder und küss die Erde, die du befleckt hast, ver-

neig dich vor allen Leuten und sag zu ihnen: Ich habe gemordet. Dann wird Gott dich mit neuem Leben erfüllen.‹

Er tat, wie sie geheißen, ließ sich mitten auf dem Marktplatz auf die Knie nieder, senkte den Kopf tief und beschuldigte sich als Mörder. Inmitten des Gelächters und des Spotts der Passanten, küsste er die schmutzige Erde voller Ekstase und Freude.«

GOTISCHE KÜSSE – HERZERGREIFEND UND TOTAL ROMANTISCH Der Roman *Sturmhöhe* von Emily Brontë (1847) vermittelt einen schauerlichen Eindruck des düsteren Yorkshire-Moors. Hier treiben geisterhafte Erscheinungen ihr Unwesen sowie ein byronscher Held in Gestalt des dämonischen Heathcliff. Catherine Linton ruht auf dem Totenbett, verdammt in Liebe und Kummer durch ihren Seelenpartner Heathcliff, der sie seine »Mörderin« nennt:

»Du verdienst das. Du hast dich selbst umgebracht. Ja, du magst mich küssen und weinen; und mir Küsse und Tränen abringen; sie werden dich vernichten – dich verdammen. Du hast mich geliebt – welches Recht hattest du dann, mich zu verlassen? … Küss mich noch einmal, und lass mich nicht deine Augen sehen! Ich vergebe dir, was du mir angetan hast. Ich liebe meine Mörderin.«

HORROR In Bram Stokers Vampirroman wird der sanftmütige Anwalt Jonathan Harker in Graf Draculas Schloss in Transsylvanien festgehalten. Als er versucht zu entfliehen, gerät er in den Bann von drei faszinierenden Vampiren:

»Alle drei besaßen strahlend weiße Zähne, die sich wie Perlen von ihren rubinroten sinnlichen Lippen abhoben … Ich fühlte in meinem Herzen das sündhafte Verlangen, dass sie mich mit ihren roten Lippen küssen mögen.«

EROTIKA – FRANZÖSISCHE KÜSSE VON EINER VÖLLIG ANDEREN ART ... In *Delta der Venus* von Anaïs Nin geben sich Leila, Elena und Bijou einen höchst sinnlichen Kuss:

>»Die erste, die etwas tat, war Leila: Sie griff Bijou mit ihrer beringten Hand unter den Rock. Sie zog überrascht die Luft ein, als ihre Hand nacktes Fleisch statt seidener Dessous berührte. Bijou lehnte sich zurück und bot Elena den Mund, denn Elenas Fragilität hatte sie gereizt. Zum erstenmal kam sie sich stark wie ein Mann vor, der spürt, daß eine zierliche Frau sich unter dem Gewicht eines Mundes beugt, der fühlt, wie die kräftigen Hände den grazilen Kopf nach hinten biegen konnten, wie das helle Haar sich löste. Bijous sehnige Hände legten sich um den zarten Hals. Entzückt hielt sie den Kopf zwischen den Händen, um mit vor Erregung zitternder Zunge von dem Mund in vollen Zügen süßen Atem zu trinken. ... So ineinander verstrickt, bewegten sie sich nur langsam. Sie küssten sich, bis es zur Tortur wurde und der Körper mit Unruhe reagierte.«

Moderner Roman

:-X

ZUSAMMENBRUCH-KÜSSE – EINEN AUGENBLICK LANG VERLOR ICH VÖLLIG DIE KONTROLLE Zwei Jahre nach F. Scott Fitzgeralds viel zu frühem Tod im Jahr 1940 gab sein alter Freund Edmund Wilson eine Reihe seiner Schriften unter dem Titel *The Crack-Up* heraus. Einige dieser Artikel waren bereits 1936 im *Esquire* abgedruckt worden. Sie berichten von seinem tragischen Zusammenbruch. Fitzgerald war Alkoholiker, tief verschuldet, musste zudem seine Frau Zelda in eine Nervenheilanstalt einweisen lassen und war gezwungen, ihr einziges Kind von fremden Menschen aufziehen zu lassen. Verbittert und provozierend schreibt er Folgendes über den Kuss:

> »Der Kuss entstand, als das erste männliche Reptil das erste weibliche ableckte, womit er auf subtile, schmeichelhafte Weise implizierte, dass sie genauso schmackhaft sei, wie das kleine Reptil, das er am Abend vorher zum Abendessen verspeist hatte.«

AMIS' KÜSSE – DIE SICH EINEM »ISMUS« NÄHERN – SYNISMUS (SIC) In Martin Amis' Werk *London Fields* wird die Zunge seiner Anti-Heldin Nicola Six als lang, kräftig und »wie ein Stachel« beschrieben. Ihre Küsse variierten von schmallippigen pseudo-jungfräulichen bis zu denen, die so gründlich waren wie die Arbeit eines Zahnhygienikers. Amis brachte auch ihren Kuss-Stil mit ihrer Fähigkeit in Verbindung, einen Mann dazu zu bringen, den Zaster herauszurücken …

MAGISCHER REALISMUS In dem Roman *Los tres besos* (Die drei Küsse) des uruguayischen Autors Horacio Quiroga besucht ein Engel einen jungen Mann, der von der Idee besessen ist, vor seinem Tod die vollkommene Frau zu finden, die er lieben kann. Es werden ihm drei Küsse für jede Frau auf Erden gewährt, vorausgesetzt, er ist bereit, nach dem dritten Kuss zu sterben. Der junge Mann fackelt nicht lange mit den ersten beiden Küssen, zögert aber den dritten so lange hinaus, bis er alt und mit Ehren überhäuft ist und kein Verlangen mehr verspürt, vom letzten, ihm gewährten Kuss Gebrauch zu machen. Quiroga beendet die Geschichte mit folgenden Worten:

>*Junger Dichter, Künstler, Philosoph: wende nicht den Kopf ab (zögernd), um einen Kuss zu geben und verschachere auch nicht die Ideale deines jungen Lebens. Denn wenn du die Dinge nach deinen eigenen Vorstellungen regelst, wirst du zu spät begreifen, dass das göttlichste Lied, die herrlichste Farbe und vollkommene Gerechtigkeit nur dann einen Wert hatten, als du bereit warst, dafür zu sterben.«*

Kriminalromane

:*~

KÜSSE, DIE AUF BEWEISEN BERUHEN – ECHTE ZEUGEN GESUCHT

Als in dem Werk *Der Mondstein* von Wilkie Collins, das den Kriminalroman als Genre einführte, die Heldin Rachel Verinder von ihrem ehemaligen Verehrer Franklin Blake geküsst wird, den sie verdächtigt, den kostbaren Edelstein gestohlen zu haben, sagt er:

>*Ich konnte nicht länger widerstehen – ich nahm sie in die Arme und bedeckte ihr Gesicht mit Küssen. Es gab einen Augenblick, da dachte ich, die Küsse werden erwidert; einen Augenblick, als es schien, als*

ob auch sie vielleicht vergessen hat. (Dann) entdeckte ich erbarmungs-
lose Wut in ihren Augen; ich sah gnadenlose Verachtung auf ihren
Lippen.«

Liebesromane

:-*

BARBARA CARTLANDS KÜSSE   Unter den 664 Romanen der verstor-
benen Grande Dame befinden sich auch ein paar, deren Titel sich
aufs Küssen beziehen:

Kiss for the King, A
Kiss from a Stranger, A
Kiss from the Heart, A
Kiss in Rome, A
Kiss in the Desert, A
Kiss of Life, The
Kiss of Love, A
Kiss of Paris, The
Kiss of Silk, The
Kiss of the Devil, The
Kiss the Moonlight

ANSPRUCHSLOSE FRAUENLITERATUR – LEICHTES STIRNRUNZELN In
Maeve Binchys *Im Kreis der Freunde* ist gerade Weihnachten in
Dublin. Auf der Grafton Street drängen sich die Menschen, da alle
unterwegs sind, um Geschenke einzukaufen. Die Weihnachtslichter
erstrahlen, es herrscht die übliche Feiertagshektik. Überall erklingen
Weihnachtslieder. Auf einer Verkehrsinsel gegenüber St. Stephan's

Green stehen Jack und Benny. Sie ist auf dem Weg nach Knockglen, um die Weihnachtsfeiertage zu Hause zu verbringen. Und plötzlich:

> *»Er nahm ihr Gesicht in beide Hände und küsste sie sehr sanft auf die Lippen.«*[125]

Poesie

:-x

POETISCHE KÜSSE – SCHANDE ÜBER CATULL[126]   Die faszinierende Wirkung des Kusses ist ein Hauptelement für Poesieliebhaber. Sie wurde seit undenklichen Zeiten auf alle mögliche Art und Weise in jeder Art von Poesie zum Ausdruck gebracht. Zentralmotive der mittelalterlichen und melodramatischen Dichtkunst des 19. Jahrhunderts waren der Begriff des seelenverbindenden Kusses, des im Tode befreienden Kusses (gibt es eine bessere Art zu sterben als mit dem Kuss des Geliebten auf den Lippen?) und natürlich der lang ersehnte Kuss. Die metaphysischen Dichter schrieben über den stän-

---

125 Maeve Blinchy, Circle of Friends, Arrow Books Ltd. 2006, S. 392.
126 Gaius Valerius Catullus, *Sämtliche Gedichte, Catull 7, Wie viele Küsse, Lesbia?* Reclam 2008.
Sagen soll ich, wie viele deiner Küsse,
Liebste Lesbia, mir genug sind und zuviel sind?
So viel Körner Sandes die Libysche Wüste
In dem Benzoe tragenden Cyrene
Zwischen Amons Orakel und des alten
Battus hochgeheiligtem Grabmal aufweist,
So viel Sterne bei stummer Nacht am Himmel
Auf der Menschen verstohlne Liebe blicken,
So viel Küsse, von dir gegeben, möchten
Dem verrückten Catull genug und zuviel sein,
Dass sie kein Neugieriger zählen könnte,
Keine schädliche Zunge sie behexen.

digen Aufruhr, den die erotische und die platonische Liebe auslösten. Der Kuss transzendierte das Physische und das Spirituelle, genauso wie die Natur wiederholt und metaphorisch geküsst wurde.

SEELENVERBINDENDE KÜSSE

»O Kuss!, der du die Seelen miteinander verschmelzt
Durch Bande der Liebe und lediglich durch die Kunst der Natur.«
Sir Philip Sidney, *Astrophel und Stella*

MIT EINEM KUSS STERBEN

»Dann an der Bahre, bevor mein Leib von der Flamme
    verzehrt wird,
Stehst du, und Tränen des Leids rinnen hinab in den Kuss.«
Albius Tibullus, *Elegien*

MUSIK

»Who cares to define what chemistry this is?
Who cares, with your lips on mine, how ignorant bliss is?«
(Wer will schon wissen, welch geheimnisvolle Chemie hier am
Werk ist? Wer will schon wissen, mit deinen Lippen auf meinen,
wie ahnungslos die Glückseligkeit ist?)

Welchen Ton berührt ein Kuss, welche Saite wird zum Klingen gebracht, welche Taste angeschlagen? Sind Hornbläser und Trompeter
aufgrund ihrer muskulöseren Lippen bessere Küsser? Wenn die Musik der Nährboden der Liebe ist, dann könnte ein Kuss vielleicht ein
Lied, ein Schlag, eine Bewegung, ein Arpeggio, ein Konzert sein?
Ein Duett oder eine Symphonie? Von Mozarts musikalischen Küssen bis zu Madonnas, die Britney Spears und Christina Aguilera
küsst, bis zu Kiss FM, der Band Kiss. Nachfolgend sollen ein paar
Takte über das Küssen angeschlagen werden.

Ein Kuss-Tanz

:-X

1711 veröffentlichte der *Spectator* den Brief eines besorgten Vaters, der
sich über die modernen Tänze beklagte, die seiner Meinung nach
unmoralisch seien. Der *Spectator* antwortete darauf:

»Ich muss gestehen, dass ich befürchte, dass mein Korrespondent guten
Grund hatte, hinsichtlich seiner Tochter etwas den Humor zu verlie-

ren, doch ich schließe daraus, dass er noch viel sauertöpfischer geworden wäre, hätte er einen dieser Kuss-Tänze gesehen, bei denen man, wie mir Will Honey Comb versicherte, fast eine Minute lang auf den Lippen der Schönen verweilen musste, um nicht zu schnell für die Musik zu sein und beim Tanzen aus dem Takt zu geraten.«[127]

Ein Konzert von Küssen – klingt großartig

:*~

Adrianne Blue dokumentiert eine Live-Aufführung, die Ende der 1970er Jahre in Paris stattfand und bei der sich 300 Zuschauer eines Konzerts bereit erklärten, auf die Bühne zu kommen, und ungefähr zehn Minuten lang im Takt des Dirigentenstabs Küsse austauschten.

Madonnas Küsse

:-*

Bei der Verleihung der MTV Video Music Awards (2003) sangen Britney Spears, Christina Aguilera und Madonna *Like a Virgin*. Am Ende gaben sich Britney und Madonna einen Zungenkuss. Es folgte ein zweiter, weniger skandalöser Kuss zwischen Madonna und Christina.

---

127 http://meta.montclair.edu/spectator/text/may1711/no67.html

Songs, zu denen man küssen kann

:-x

A Kiss For Christmas – Luther Vandross
A Kiss Is a Kiss – Rocking Chairs
A Kiss Is Not A Contract – Flight of the Conchords
A Kiss To Build a Dream On – Louis Armstrong
A Little Kiss Each Morning – Rudy Vallee
A Thousand Kisses Deep – Leonard Cohen
Ain't Gonna Kiss Ya – Ribbons
Always Late With Your Kisses – Dwight Yoakim
An Unusual Kiss – Melissa Etheridge
Another first Kiss – They Might Be Giants
Baby Let Me Kiss You – King Floyd
Beach Kisses Dosem
Besame Mucho (Kiss Me a Lot) – Xavier Cugat and many others
Blowing Kisses in the Wind – Paula Abdul
Butterfly Kisses – Bob Carlisle
Candy Kisses – Elton Britt
Christmas Kisses – The Ray Anthony Orchestra and Singers
Could I have this Kiss – Whitney Houston and Enrique Iglesias
Cowboys & Kisses – Anastacia
Don't Talk, Just Kiss – Right Said Fred
Droppin Kisses – DJ Sneak and Herve
First Date, First Kiss, First Love – Sonny James
French Kissin' in the USA – Debbie Harry
Gimme a Little Kiss, Will Ya Huh – April Stevens
Give Her a Great Big Kiss – New York Dolls
Give Him a Great Big Kiss – Shangri-las
Give Me Your Kisses – Louis Armstrong

Haul Off & Kiss Me – Caroline Aiken

Hold Me, Thrill Me, Kiss Me – Mel Carter

I'm Kissing you – Des'ree

I Saw Mommy Kissing Santa Claus – Brenda Lee

I'll Kiss You – Cyndi Lauper

I Kissed a Girl – Katy Perry

I'm Gonna Dry Every Tear With a Kiss – Johnny Grande

In France They Kiss on Main Street – Joni Mitchell

It's in His Kiss (The Shoop Shoop Song) – Betty Everett or Cher

Jeannie's Last Kiss – Bobby

Just One Last Kiss – J. Geils

Jus 1 Kiss – Basement Jaxx

The Judas Kiss – Metallica

Katherine Kiss Me – Franz Ferdinand

Kiss – Prince

Kiss a Pig – Ray Stevens

Kiss An Angel Good Morning – Alan Jackson

Kiss and Say Goodbye – Kate & Anna McGarrigle

Kiss and Say Goodbye – The Manhattans

Kiss and Tell – Bryan Ferry

Kiss and Tell – You Me at Six

Kiss Away – Ronnie Dove

Kiss From a Rose – Seal

Kiss in the Dark – Pink Lady

Kiss Kiss – Chris Brown

Kiss Kiss – Holly Valance

Kiss, Kiss, Kiss – Jive Five

Kiss Kiss Kiss – Yoko Ono with Peaches

Kiss Kiss Bang Bang – Tough Guys Don't Cry

Kiss Me – Sixpence None the Richer

Kiss Me – New Found Glory

Kiss Me At Midnight – N Sync

Kiss Me Big – Tennessee Ernie Ford

Kiss Me Deadly – Lita Ford

Kiss Me Goodbye – Petula Clark or Gary Puckett & The Union Gap

Kiss Me In the Rain – Barbra Streisand

Kiss Me, Kate – Cole Porter

Kiss Me On the Bus – Paul Westerberg

Kiss Me, Sailor – Diane Renay

Kiss Me to the Music – Bobby 'Blue' Bland

Kiss Me Quick – Elvis Presley

Kiss Me Thru the Phone – Soulja Boy

Kiss Me Where It Smells Funny – Bloodhound Gang

Kiss of Fire – Georgia Gibbs

Kiss Of Life – Sade

Kiss Of Life – Friendly Fire

Kiss Off – Violent Femmes

Kiss On My List – Hall & Oates

Kiss The Bride – Elton John

Kiss The Girl – The Little Mermaid

Kiss The Rain – Billie Myers

Kiss Them For Me – Siouxsie and the Banshees

Kiss This – Aaron Tippin

Kiss With a Fist – Florence and the Machine

Kiss You All Over – Exile

Kiss You Off – Scissor Sisters

Kiss Your Ass Goodbye – Sheek Louch Featuring Style P

Kiss Your Past Away – Nine Lives

Kisses – Sheena Easton

Kisses – The Shivers

Kisses – Tracy Bonham
Kisses – Raz Ohara & The Odd Orchestra
Kisses and Cake – John Powell
Kisses and Tears – Bad Boy Blues
Kisses Don't Lie – Rihanna
Kisses In The Moonlight – George Benson
Kisses Of Fire – Abba
Kisses On The Wind – Neneh Cherry
Kisses Sweeter Than Wine – The Weavers
Kissin' Cousins – Elvis Presley
Kissin' Game – Dion
Kissin' on the Phone – Paul Anka
Kissin' Time – Bobby Rydell
Kissing – Bliss
Kissing A Fool – Michael Bublé
K.I.S.S.E.S – Bent
K.I.S.S.I.N.G. – Siedah Garrett
K.I.S.S.I.N.G. – Nas
Kissing Bandit – Esham
Kissing My Love – Bill Withers
Kissing Tree – Billy Grammar
Kissing You – Des'ree
Knock Me a Kiss – Louis Jordan
Last Kiss – J. Frank Wilson and the Cavaliers or Pearl Jam
Last Kisses – The Nields
Let Me Kiss Ya – Nick Lowe
Lets Kiss and Make Up – Ella Fitzgerald
Let's Just Kiss – Harry Connick Jr.
Let's Just Kiss and Say Goodbye – Manhattans
Never Been Kissed – Sherrie Austin

Knock Me a Kiss – Louis Jordan
One Kiss for Old Times' Sake – Ronnie Dove
One Kiss From You – Britney Spears
One Kiss Too Many – Eddy Arnold
One Last Kiss – Bye Bye Birdie
Our First Kiss – Jonathan Edwards
Passionate Kisses – Lucinda Williams or Mary Chapin Carpenter
Prelude to a Kiss – Duke Ellington
Pucker Up – Patty Larkin
Punish Me With Kisses – Glove
Purple Kisses The – Dream
Save Your Kisses for Me – Brotherhood of Man
Sealed With a Kiss – Brian Hyland or Four Bitchin' Babes
Shut Up And Kiss Me – Mary Chapin Carpenter
Steal My Kisses- Ben Harper
Stolen Kisses – Gene Sullivan
Suck My Kiss- Red Hot Chili Peppers
Sweet Sweet Kisses – Duke Special
Take Your Tongue Out of My Mouth, I'm Kissing You Goodbye –
   Ray Stevens
That Kiss – The Courteeners
The Kiss – The Cure
The Kiss Polka – Glenn Miller
The Last Great Kiss of the Twentieth Century – Darryl Purpose
The Perfect Kiss – Bette Midler
Then He Kissed Me – The Crystals
This Kiss – Faith Hill
Thunder Kiss – White Zombie
'til I Kissed You – The Everly Brothers
Tooth Past Kisses – The Maccabees

Venus Kissed the Moon – Christine Lavin
Vision of a Kiss – B-52s
Wasted Kisses – Prince
When I Kissed You – Derringer
What is a Kiss? – Do Re Mi
When She Kisses Me – John Gorka
You Shouldn't Kiss Me Like This – Toby Keith
1000 Kisses – Ultrabeat
1000 Kisses – Will Smith

Ballettküsse

:- X

Der Kuss der Fee ist ein Ballett in einem Akt und vier Szenen. Es wurde von Igor Stravinsky komponiert und feierte 1928 Premiere in Paris. Als Vorlage diente Hans Christian Andersens Märchen *Die Schneekönigin*. Stravinsky schrieb das Ballett als Huldigung an Tschaikowsky und verwandte auch mehrere von dessen Melodien in seinem Ballett.

Opernküsse

:* ~

Der Kuss ist eine Oper in zwei Akten. Die Musik komponierte Bedrich Smetana, und das Libretto verfasste Eliška Krásnohorská. Zugrunde lag der Roman von Karolina Svetlá. Im Mittelpunkt dieser bunten Geschichte stehen der seit kurzem verwitwete Lukáš und seine erste Liebe Vendulka, deren Weg zur wahren Liebe mit Missverständnissen, scheußlichen Küssen, Auseinandersetzungen, Drohungen, Polkas und Schmugglern gepflastert ist, bis sie sich endlich küssen und finden. Die Oper hatte am 7. November 1876 in Prag Premiere.

Rockküsse

:-*

Die Rock-and-Roll-Band KISS hat im Lauf von 36 Jahren 37 Alben herausgebracht und weltweit über 100 Millionen Alben verkauft. Die im Dezember 1972 in New York City gegründete Band ist berühmt für ihre extravaganten Bühnenauftritte und aufwändigen Live-Performances, zu denen Feuerschlucken, Blutspucken, rauchende Gitarren, Schwertschlucken und Feuerwerk gehörten. Mit ihrem Makeup und ihren Kostümen verkörperten sie Charaktere im Comic-Stil: Der Dämon (Simmons), Starchild (Stanley), Spaceman (Frehley) und Catman (Criss).

Musicalküsse

:-x

Das Musical *Kiss Me, Kate*, wurde von Cole Porter geschrieben und komponiert. Es hat die Form eines Spiels im Spiel, wobei das Spiel im Spiel eine Musical-Version von William Shakespeares *Der Widerspenstigen Zähmung* darstellt.

Kiss Me, Kate bedeutete für Cole Porter ein Comeback und einen persönlichen Triumph, erwies sich als sein größter Hit und war das einzige seiner Musicals, das über tausendmal am Broadway aufgeführt wurde. Es gewann 1949 den Tony Award für das beste Musical.

Klassische Küsse

:-X

»Mein Busen drängt
Sich nach ihm hin,
Ach dürft ich fassen
Und halten ihn,
Und küssen ihn,
So wie ich wollt,
An seinen Küssen
Vergehen sollt!«

J. W. Goethe, *Faust I*

»Meine Ruh ist hin« aus Gretchen am Spinnrad, ein Textauszug aus Goethes Faust. Schubert vertonte es 1814, und es war sein erstes erfolgreiches Romantik- oder Kunstlied. Gretchen singt an ihrem Spinnrad und denkt dabei an Faust. Schubert bedient sich des Klaviers, um die rhythmische Drehung des Spinnrads wiederzugeben. Den Höhepunkt bildet die Stelle, als das Klavier verstummt, da Gretchen sich durch den Gedanken an Fausts Kuss allzu sehr ablenken lässt. Erst langsam, als ihr bewusst wird, dass sie aufgehört hatte, das Spinnrad zu drehen, fängt sie wieder an.

FILMKÜSSE

Der Edison-Katalog warb für den Kurzfilm *Der Kuss* folgendermaßen: »Sie bereiten sich auf den Kuss vor, fangen an zu küssen und küssen und küssen so, dass sie bei jeder Vorführung stürmischen Beifall ernten.« Dass *Der Kuss* der erste Film war, der je einem Publikum kommerziell gezeigt wurde, zeigt die Bedeutung dieser Geste in der Filmgeschichte. Der »Filmkuss« ist in der einen oder anderen Weise integraler Bestandteil der meisten Filme.

Zensierte Küsse – zu delikat: verboten

:*~

Unglaublich, aber in den ersten 40 Jahren des Films gab es keine Gesetze zur Zensur. Dann wurde der Hays Code eingeführt. Diese Richtlinien untersagten (unter anderem) ausschweifendes Küssen, wollüstiges Küssen, lüsterne Umarmungen, suggestive Posen und Gesten und begrenzten die Dauer eines Kusses. Hitchcock verstieß dagegen, indem er die berühmte Kuss-Szene in seinem Film *Berüchtigt* durch einen Telefonanruf unterbrach. Nach dem Hays Code durfte nicht mehr im Liegen geküsst werden, einer der Schauspieler musste sitzen oder stehen. Das Küssen auf einem Bett wurde als verdächtig angesehen, daher musste einer der Küssenden beide Füße am Boden haben. Doppelbetten waren das Los der Verheirateten.

Daher wurde die Intensität eines Kusses durch eine stilisierte Körpersprache kommuniziert, zu der der zur Seite geneigte Kopf und die den Partner umschlingenden Unterarme gehörten. Der Mann wurde als derjenige, der küsst, und die Frau als diejenige, die den Kuss empfing, angesehen. Wurden die Rollen einmal getauscht, betrachtete man die Frau als Vamp, die bestraft werden musste, oder aber der Rollentausch lieferte eine komische Szene.[128]

Die einzigen Damen in Hollywood, die nie geküsst wurden, waren Mae West und Anna May Wong. Mae strahlte eine derartige Körperlichkeit aus, dass der tatsächliche Kontakt zu anzüglich gewesen wäre. Anna May Wongs Kuss-Szene in *Hai Tang. Der Weg zur Schande* (1930) wurde mit der Begründung herausgeschnitten, dass die Liebe zwischen einer Chinesin und einem Weißen die Zuschauer beleidigen würde.

Der Hays Code wurde 1968 schließlich abgeschafft, und Küsse durften Intimität wieder klar zum Ausdruck bringen. Doch genauso wie in frühen Hollywood-Filmen der Kuss für Sex stand, werden heutzutage in Bollywood-Filmen Szenen mit Blumen, die sich berühren, und Bienen, die Blüten bestäuben, als Ersatz für den dargestellten Kuss eingeschoben.

---

128 Berühmte Unterwanderung dieser in Stein gemeißelten Regeln sind in *Haben und Nichthaben* zu sehen, als Bacall den Kuss mit Bogart initiiert; allerdings überlässt sie ihm beim Verlassen des Zimmers die führende Rolle, als sie den berühmten Satz sagt: »Du weißt doch, wie man pfeift? Du drückst die Lippen aufeinander und bläst.« In *Casablanca* küssen Rick und Ilsa als Gleichberechtigte, doch der Film endet mit einer berühmten kusslosen Szene. Rick nutzt seine Beziehungen auf dem Schwarzmarkt und kauft zwei Tickets für den letzten Flug von Casablanca, wahrscheinlich für sich und Ilsa, ändert dann aber seine Meinung, überlässt seins selbstlos seinem Rivalen Victor und zerstört so jede Hoffnung auf eine Wiedervereinigung zwischen ihm und Ilsa.

Legendäre Filmküsse

:-*

Zu den Filmen, in denen die romantischsten Küsse gezeigt werden, gehören folgende Favoriten: *Vom Winde verweht, Verdammt in alle Ewigkeit, Casablanca* sowie *Haben und Nichthaben.* Endlose Listen und Argumente könnte man zu den Themen anführen, welche Filme bezüglich der Attribute sexy, erotisch, unvergesslich und innig die besten sind. Im Folgenden werden Filme aufgeführt, in denen die eher anrüchigen, umstrittenen und/oder regelwidrigen Küsse gezeigt wurden.

SCHÄNDLICHE KÜSSE   In Erich von Stroheims Film *Gier* (1924) blickt der Zahnarzt McTeague, ein Autodidakt, lüstern seine betäubte und bewusstlose Patientin Trina (ZaSu Pitts) an. Er versucht, zu widerstehen, gibt aber seinem Verlangen nach und küsst sie auf den Mund. Dann schreckt er zurück, rauft sich aufgewühlt die Haare und fährt mit seiner Arbeit an der Patientin, die von alldem nichts merkt, fort.

PROMISKUITIVE KÜSSE   *Don Juan* von 1926 war der erste im Vitaphone genannten Tonfilmprozess gedrehte Film. Allerdings war er ebenso berühmt für die Anzahl der Küsse. John Barrymore als schalkhafter Don Juan küsst seine beiden bevorzugten Damen 127 Mal, dazu gesellen sich noch einige andere Jungfrauen, womit er auf eine Gesamtsumme von 191 Küssen kommt.

DAS FLEISCH UND DER TEUFEL   Der erste Hollywood-Film, der einen Zungenkuss zeigte, war *Flesh and the Devil* (1926/27). Diesen Kuss gaben sich Greta Garbo und John Gilbert, die zu jener Zeit auch im wahren Leben ein Liebespaar waren.

HEIKLE KÜSSE In *Der Sohn des Scheichs* (1926) spielt der legendäre Rudolpho Valentino sowohl die Rolle des Scheichs als auch die des Sohnes. »Dieses Mal sind deine Küsse gratis!«, verkündet Ahmed, als er sich auf die Tänzerin Yasmin (Darstellerin Vilma Banky) in einer berüchtigten Vergewaltigungsszene stürzt, die in Nahaufnahmen mit weit aufgerissenen Augen abgedreht ist, bevor die Szene schwarz ausgeblendet wird. Dies war Valentinos letzter Film vor seinem frühen Tod im Alter von 31 Jahren.

UNTER MÄNNERN Der erste Filmkuss auf den Mund, den ein Mann einem anderen gibt, ist in *Wings* (1927) zu sehen. Der Film spielt im Jahr 1917, als zwei junge Männer (dargestellt von Charles »Buddy« Rogers und Richard Arlen) die gleiche Frau lieben. Sie gehen zur Luftwaffe, und aus Rivalen werden Kameraden. In einer tragischen Wendung des Schicksals wird David Armstrong (Arlen) von Jack Powell (Rogers) erschossen. Als dieser seinen im Sterben liegenden Freund findet, drückt er ihm einen zärtlichen Kuss auf den Mund.

TÖDLICHE KÜSSE EINER FEMME FATALE Louise Brooks mit ihrem berühmten Bob-Haarschnitt trat als Kabarett-Sängerin und *femme fatale* Lulu in *Die Büchse der Pandora* (1929) auf. Als Lulu ihren verzauberten Stammgast Dr. Ludwig Schön (Fritz Kortner) küsst, wird sie von dessen Verlobter erwischt. Dr. Ludwig und Lulu sind gezwungen zu heiraten. Es folgt eine Tragödie, und am Ende stirbt Lulu in Soho in London, während sie Jack the Ripper küsst.

KÜSSE UNTER FRAUEN/FRAUEN KÜSSEN FRAUEN Der erste Filmkuss zwischen Frauen wird in *Morocco* (1930) gezeigt. Marlene Dietrich tritt als Amy Jolly in Smoking und Zylinder in einem nordafrikanischen Kabarett-Klub auf; zum Vergnügen der Zuschauer küsst sie bei einer ihrer Nummern eine Frau aus dem Publikum direkt auf den Mund.

MÄDCHEN IN UNIFORM   Der von den US-Sittenrichtern verbotene Film *Mädchen in Uniform* (Deutschland 1931) über eine lesbische Beziehung zwischen einer Schülerin und einer Lehrerin (Hertha Thiele und Dorothea Wieck) hatte eine ausschließlich weibliche Filmbesetzung und eine Vorreiterrolle bei der Darstellung lesbischer Liebe. In einer anstoßerregenden Szene knieten alle Schulmädchen im Schlafraum am Fußende ihrer Betten und bekamen einen Gutenachtkuss auf die Stirn, nur Manuela wurde direkt auf den Mund geküsst.

BABY-BURLESK-KÜSSE (IN DER RÜCKSCHAU NICHT SO NIEDLICH)
Die Baby-Burlesk-Filme waren eine Serie von satirischen Kurzfilmen, die in den frühen 30er Jahren des 20. Jahrhunderts von Educational Pictures produziert wurden. Alle Darsteller waren zwischen drei und fünf Jahren alt und spielten Erwachsenenrollen, sprachen Erwachsenendialoge und waren von der Taille aufwärts wie Erwachsene gekleidet (unterhalb der Taille trugen sie von Sicherheitsnadeln zusammengehaltene riesige Windeln). Die 1931–1932, vor dem Inkrafttreten des Hays Codes gedrehte Serie wird von vielen modernen Cineasten und Filmkritikern als überholt und ausbeuterisch angesehen, da sie kleine Kinder in Erwachsenenrollen und sogar in sexualisierten Situationen zeigen.

POLLY TIX IN WASHINGTON   In dieser Folge der Baby-Burlesk-Serie von 1932 spielt die vierjährige Shirley Temple in ihrer zweiten Filmrolle ein »Call Girl«, das von betrügerischen Beamten losgeschickt wird, um einen kleinen Stadtpolitiker mit dem Namen A.

Clodbuster zu verführen. Sie drückt ihm einen Kuss auf den Mund, und er nennt sie hinreißend, woraufhin sie ihm antwortet: »Wissen Sie, ich bin teuer.«

SCHÄNDLICHE KÜSSE, TEIL II In *Ganovenbraut* (1933) tauschen Jean Harlow und Clark Gable eng umschlungen einen Kuss aus (womit eine voreheliche Liebesnacht angedeutet wird), nach dem sie schwanger wird. Gemäß dem Hays Code musste sie zu einer zweijährigen Haftstrafe in einer Besserungsanstalt für Frauen verurteilt werden. Glücklicherweise kommt es zu einem guten Ende und wiedervereinigt kann das Paar in der Kapelle der Besserungsanstalt heiraten.

NEIN-HEISST-JA-KÜSSE (ODER AUCH VERGEWALTIGUNG IN DER EHE) Wilde Leidenschaft und Vergewaltigung in der Ehe kamen in *Im Winde verweht* vor (1939). Gegen ihren Willen küsst Rhett in einer dramatischen Szene Scarlett am Fuß der Treppe. Er ignoriert ihren Protest und trägt sie zum Schlafzimmer mit den ach so verführerischen Worten hinauf; »Diese Nacht wirfst du mich nicht hinaus.« Scarletts zufriedener, albern lächelnder Gesichtsausdruck am darauffolgenden Morgen ließ dem damaligen Publikum keine andere Schlussfolgerung, als dass »Nein« »Ja« bedeutet.

Der längste Kuss

:-X

Die Komödie *Reich wirst du nie* aus dem Jahr 1941 soll mit über drei Minuten den zu jener Zeit längsten Kuss der Filmgeschichte gezeigt haben. Die glücklichen Mitwirkenden war Regis Toomey and Jane Wyman.

Todespaktküsse

:*~

»Es wird keinen Fehler geben. Keine Nachlässigkeit, keine Schwäche, es muss einfach perfekt sein.«

Das sind die Worte in *Frau ohne Gewissen* (1944), die sich auf den mörderischen Plan beziehen, Barbara Stanwycks Ehemann zu töten. Genauso gut könnten sie sich aber auch auf den erinnerungswürdigen Kuss beziehen, mit dem sie und Fred McMurray ihren Pakt besiegeln.

Verzweifelte Küsse

:-*

»Lauf schnell fort. Ich hätte dich gern bei mir behalten, aber ich muss brav sein – und die Finger von Kindern lassen. Adios, Adios.«

In *Endstation Sehnsucht* (1951) raubt Blanche (Vivien Leigh), die sich nach sexueller Aufmerksamkeit sehnt, dem jungen Zeitungsauslieferer (Wright King) einen Kuss.

Ehebrecherische Küsse

:-x

»Ich habe gar nicht gewusst, dass es so sein könnte. Noch nie hat mich jemand geküsst wie du.«
»Kein einziger? Von all den Männern, die dich schon geküsst haben?«

Mit diesen Worten macht der Armee-Feldwebel Milton Warden (Burt Lancaster) in *Verdammt in alle Ewigkeit* (1951) eine der kultigsten und idyllischsten Filmkuss-Szenen an einem einsamen Strand zunichte, in der er seine ehebrecherische Geliebte Karen Holmes (Deborah Kerr) leidenschaftlich küsst.

Gefühlskalte Küsse

:-X

»Ich bin vielleicht nicht Dr. Freud oder einer der Mayo-Brüder oder eins der französischen Mädchen, die im oberen Stockwerk wohnen, aber dürfte ich es noch einmal versuchen?«

Sugar Kane Kowalczyk (Marilyn Monroe) tut in *Manche mögen's heiß* (1959) ihr Bestes, Joe (Tony Curtis) von seiner Gefühlskälte zu heilen, und bemerkt schließlich, dass es ihr gelingt, als sich seine Brillengläser beschlagen.

Lolita-Küsse

:*~

In einer Szene des Films *Lolita* (1962) spielt Humbert Humbert (James Mason) Schach mit Lolitas Mutter. Er ist dabei, zu gewinnen. »Sie werden mir meine Königin nehmen!«, ruft sie aus, worauf er erwidert: »Das ist meine Absicht.« In der Zwischenzeit reibt Lolita auf dem Weg ins Bett ihre Wange an seiner. Bei seinem nächsten Zug nimmt er die Königin und spricht die bedeutungsschwangeren Worte: »Irgendwann musste es ja passieren.«

Ein Kuss im Rückspiegel

:-*

Rat mal wer zum Essen kommt (1967) war der erste große Hollywood-Film, der von einer Liebesgeschichte zwischen einem Afroamerikaner und einer Weißen handelte, obwohl die einzige Szene, in der es zu körperlichen Intimitäten zwischen Dr. John Prentice (Sidney Poitier) und seiner Verlobten Joey Dryton (Katharine Houghton) kam, bezeichnenderweise nur im Rückspiegel eines Taxis gespiegelt wurde.

Schabernack-Küsse

:-x

»Doktor, ich möchte Sie zum Abschied küssen.«
»Ja, gut … aber Sie sind so furchtbar hässlich!«

In Anspielung auf *Verdammt in alle Ewigkeit* küssen sich Charlton Heston als gestrandeter Astronaut und die Affen-Wissenschaftlerin Zira (Kim Hunter) in *Planet der Affen* (1968) vor dem Hintergrund von auf den Strand krachenden Wellen.

Schwule Küsse

:-X

Sunday, Bloody Sunday (1971) ist bekannt als der erste Mainstream-Film, in dem sich zwei Homosexuelle küssen. Der Film handelt von einer Dreiecksbeziehung. Glenda Jackson und Peter Finch spielen beide Charaktere, die in denselben jungen Mann, gespielt von Murray Head, verliebt sind.

Vendetta-Küsse

:*~

Der Todeskuss wird meistens mit der italienischen Mafia assoziiert und gewöhnlich jemandem als Zeichen dafür gegeben, dass er dem Tod geweiht ist. Ein klassisches Beispiel ist in *Der Pate – Teil II* zu sehen, als Al Pacino in der Rolle des Don Corleone seinem Bruder Fredo Corleone (John Cazale) einen kräftigen Kuss auf den Mund gibt und ihm zuflüstert: »Ich weiß, dass du es warst, Fredo. Du hast mir das Herz gebrochen. Du hast mir das Herz gebrochen.«

Ansteckende Parasitenküsse

:-*

David Cronenbergs erotischer Horrorfilm *Der Parasitenmörder* (1975) spielt in einem Apartmenthaus in Montreal, dessen Bewohner durch einen Parasiten infiziert sind, woraufhin sie lüstern und gewalttätig werden. In der Schlussszene (die in einem Swimmingpool stattfindet) wird Dr. Roger St. Luc (Paul Hampton) in Form eines Kusses von seiner infizierten Krankenschwester Miss Forsythe (Lynn Lowry) von dem Parasiten überwältigt.

Küsse in der Elm Street

:-x

Im zweiten Freddy-Krueger-Film, *A Nightmare on Elm Street: Die Rache* (1985), schnappt sich Lisa Webber (Kim Myers) den manischen Mörder Freddy Krueger (Robert Englund) und küsst ihn, um auf diese Weise ihren besessenen Freund Jesse Walsh (Mark Patton) zu befreien. Freddy stößt sie von sich weg, fällt dabei in ein brennendes Gebäude und scheint zu sterben. Jesse kann in diesem Moment aus der Asche aufsteigen.

Küsse im Waschsalon

:-X

Gleich zwei Leinwand-Tabus werden im 1985 gedrehten Film *Mein wunderbarer Waschsalon* mit einem Kuss gebrochen, den sich die beiden verschiedenen Rassen angehörenden Männer Jonny (Daniel

Day Lewis) und Omar (Gordon Warnecke) unter einer Straßen-
laterne geben.

Leichen-Küssen

:*~

In *Todeskuß* thematisiert die Regisseurin Lynne Stopkewich ein weitaus skandalöseres Tabu: Sandra Larson (Molly Parker), die in einem
Beerdigungsinstitut aushilft, küsst die Objekte ihrer Begierde nicht
nur …

Herausgeschnittene Küsse

:-*

In *Cinema Paradiso* (1988) kehrt Salvatore Di Vita (Jacques Perrin)
zur Beerdigung des städtischen Filmvorführers Alfredo (Philippe
Noiret) in seine sizilianische Heimatstadt Giancaldo zurück. Al-
fredos Witwe überreicht ihm eine Filmrolle mit einem Zusammen-
schnitt all der Küsse, die der Zensur des Dorfpriesters zum Opfer
gefallen waren und herausgeschnitten werden mussten. Sie stamm-
ten aus Dutzenden von Filmen, die Alfredo vorgeführt hatte, als Salvatore noch ein Kind war. Dem inzwischen berühmten Regisseur
präsentiert sich eine großartige Montage von verbotenen Küssen aus
den Schlussszenen der Filme, die ihn als Junge inspiriert hatten.

Plagiierte Küsse

:-x

Wie *Cinema Paradiso* bedient sich auch *Kids in America* (2005) einer Montage von berühmten Küssen, um eine Geschichte zu erzählen. Es handelt sich um eine Teenie-Romanze, in der Gregory Smith die Rolle des filmbesessenen Studenten Holden Donovan und Stephanie Sherrin die seiner Freundin spielt und die den klassischen Teenie-Komödien der 1980er Jahre huldigt, indem sie verschiedene Filmküsse nachstellt. Der Film endet mit einem rekordbrechenden sechsminütigen Kuss, der als Hintergrund des Nachspanns fungiert.

Nicht-Küsse

:-X

Man könnte auch die Nicht-Küsse im Film erwähnen, wie zum Beispiel den zwischen Bette Davis und Paul Henreid in *Reise aus der Vergangenheit*, als er sich zwei Zigaretten in den Mund steckt, sie anzündet und ihr eine reicht. *Das verflixte 7. Jahr* (1955) enthält eine eher komische Situation: Als Tom Ewell mit Marilyn Monroe den Flohwalzer auf dem Klavier spielt, ist er drauf und dran, sie zu küssen, aber sie fallen rückwärts vom Klavierhocker und landen ziemlich unromantisch strampelnd auf dem Boden. In *Pretty Woman*, einem Film aus jüngerer Zeit, wendet sich Julia Roberts ab, als Richard Gere sie küssen will, und in *Donnie Darko* wird über einen typischen Teenie-Filmkuss zwar gesprochen, dieser aber bewusst nicht gezeigt.

ANIMIERTE KÜSSE

Spaghetti-Küsse

:*~

Im Animationsfilm *Susi und Strolch* (1955) fressen der Cockerspaniel Susi und der Straßenhund Tramp bemerkenswerterweise bei ihrer ersten Verabredung Spaghetti. Als sie je an einem Ende einer Nudel saugen, treffen sie sich schließlich in der Mitte zu einem Kuss.

Küsse, die unter die Haut gehen

:-*

In der Schlussszene von *Shrek – Der tollkühne Held* (2001) befreit sich Fiona, die schöne Prinzessin schließlich von ihrem Fluch, als sie und Shrek sich den »ersten Kuss der wahren Liebe« geben … das Ergebnis ist eine erfrischende Abweichung von der Norm, denn Fiona wird selbst zum Oger – d.h., die Liebe verhilft ihr zu ihrer wahren Gestalt.

FERNSEHKÜSSE

Fernsehküsse zwischen gemischtrassigen Paaren

:-x

Die erste britische Krankenhaus-Soap *Emergency – Ward 10* ist eins der beliebtesten Programme Großbritanniens und schrieb 1964 mit der Darstellung einer interrassischen Beziehung zwischen der Chirurgin Louise Mahler (Joan Hooley) und dem Arzt Gies Framer (John White) Fernsehgeschichte. Gezeigt wurde der allererste interrassische Kuss auf dem Bildschirm. Allerdings wurde die Szene vor der Ausstrahlung entschärft, da sie »etwas zu anzüglich« war.

Der erste Kuss zwischen einem Farbigen und einer Weißen im öffentlichen Fernsehen der USA wird oft der *Star-Trek*-Episode »Platos Stiefkinder« zugeschrieben, die am 22. November 1968 ausgestrahlt wurde. Hier tauschten Captain Kirk (William Shatner) und Leutnant Uhura (Michelle Nichols), eine Afroamerikanerin, einen Kuss. Er war der erste, der nicht dem ethnischen Stereotyp entsprach, da Leutnant Uhura kein Dienstmädchen, keine Haushälterin oder irgendeine andere Variante der »Mammy«-Karikatur war. In dieser Episode befindet sich die Crew von Raumschiff *Enterprise* in der Gewalt der telekinetischen Platonier, einer menschenähnlichen Rasse sadistischer Fieslinge, die die Kleidung der alten Griechen trugen und deren Manierismen übernommen haben. Die Platonier nutzen ihre Kräfte, um Captain Kirk und Leutnant Uhura zum Küssen zu zwingen. Aus Angst, dieser Kuss könnte die Fernsehzuschauer aus den Südstaaten verärgern, verlangten die NBC-Direktoren von Shatner und Nichols, sich von der Kamera wegzudrehen und nur so zu tun, als würden sie sich küssen. Wie es aussah, scherten die beiden sich nicht um dieses Verbot.

In *Star Trek* waren auch noch weitere Küsse zwischen verschiedenen Ethnien zu sehen: In der Episode »Der schlafende Tiger« (1967) verliebt sich eine Weiße in einen Hispanoamerikaner und küsst ihn. Am 20. Dezember 1968, kurz nach dem Shatner-Nichols-Kuss, küsste Shatner in der Episode »Brautschiff Enterprise« die halb französische, halb vietnamesische Nguyen Van-Nga. Die Tatsache, dass keine dieser Episoden in irgendeiner Weise kommentiert wurde, deutet darauf hin, dass die Abwehrhaltung gegen den Austausch von Küssen zwischen unterschiedlichen Ethnien dann am größten war, wenn sich Farbige und Weiße küssten. Schließlich hatte der Supreme Court der Vereinigten Staaten erst 1967 Gesetze (die sogenannten Mischehen-Verbote) für verfassungswidrig erklärt, die interrassische Ehen untersagten.

Gleichgeschlechtliche Küsse

:-X

Den ersten Kuss zwischen zwei Frauen, den Schauspielerinnen Michelle Greene und Amanda Donohoe, zeigte 1991 eine Episode von *L.A. Law.* Für mehr Kontroversen sorgte jedoch ein Kuss, der drei Jahre später in der Familien-Sitcom *Roseanne* (von ABC-TV am 1. März 1994 ausgestrahlt) zu sehen war. In einer Szene, die in den Medien im voraus viel Beachtung fand und der Serie viel Publicity verschaffte, küsst der Gaststar Mariel Hemingway den Star der Show Roseanne Arnold auf den Mund, was Roseanne veranlasste, ihre Sexualität in Frage zu stellen. Diese Episode war so umstritten, dass ABC ihrer Ausstrahlung eine Zuschauerwarnung vorausschickte.

Folgende andere schwule und lesbische Küsse wurden zur besten Sendezeit im britischen Fernsehen gezeigt:

1987: Barry und Colin in *EastEnders* (obwohl es sich nur um ein Küsschen handelte, sorgte es für viel Wirbel in den Medien und provozierte Fragen im Parlament).

1993: der von Beth und Margaret in *Brookside* (der in dem Maße erregend war, in dem er missbilligt wurde).

1994: Noddy küsst seinen Kumpel Gary im Kino in der BBC-Teenie-Sendung *Byker Groove*.

2003: Todd und Nick in *Coronation Street,* der britischen Seifenoper mit der längsten Laufzeit.

2006: Männer küssen sich in der Dolce & Gabbana-Werbung.

2008: Über zwei Jahrzehnte nach dem ersten Schwulen-Kuss zur Hauptsendezeit im britischen Fernsehen sieht sich der Nahrungsmittelhersteller Heintz gezwungen, eine Werbesendung für Deli Mayo abzusetzen, in der ein Mann mit New Yorker Akzent, der wie ein Koch gekleidet ist und in einer britischen Familienküche Sandwiches zubereitet, seinem Gatten/Partner zum Abschied einen Kuss gibt.

SPORTLICHE KÜSSE

Siegerküsse

:*~

In allen Sportarten ist es Tradition, den Pokal zu küssen. Dieser Kuss bekräftigt den Erfolg des Siegers. In dieser Hinsicht lässt er sich vergleichen mit dem Küssen einer Reliquie, was gemäß dem katholischen Historiker Eamon Duffy ein Zeichen für »den Triumph des Lebens in einer Welt ist, die dem Anschein nach oft von Leiden und Tod beherrscht wurde«.

Der Fluch des Kusses von Andy Granatelli

:-*

Der Andretti-Fluch (oder das Andretti-Glück) ist das unerklärliche Pech, das die legendäre Andretti-Rennfamilie bei ihren Versuchen, das 500-Meilen-Rennen von Indianapolis zu gewinnen, verfolgte. Am 28. Mai 1989 fuhr Andretti fast zwei Runden vor seinem schärfsten Konkurrenten über die Ziellinie und bekam bei seiner Ankunft auf der Victory Lane einen der berühmtesten Küsse in der Sportgeschichte – vom Autobesitzer Andy Granatelli. Mario ist es kein zweites Mal gelungen, das große Rennen zu gewinnen. Die Andretti-Familie hatte über drei Generationen phänomenale Erfolge auf der Rennbahn, aber weder Marios Sohn noch sein Enkel haben es je geschafft, in die Victory Lane in Indianapolis einzubiegen.

Er schießt ein Tor – Er küsst

:-x

Wenn sie ein Tor geschossen haben, heben Fußballer häufig ihr Hemd an die Lippen und küssen es. In dieser traditionell maskulinen Sportart wird es jedoch oft als anrüchig angesehen, einen Mitspieler (auf den Mund) zu küssen, weil dies als Zeichen von Homophobie interpretiert werden könnte. Die Fußballer Tony Currie und Alan Birchenall machten in der Welt des Fußballs mit einem Kuss Furore, der die auffälligen langhaarigen Fußballstars der 1970er Jahre in Homosexuellen-Ikonen verwandelte. Zu dem Kuss kam es, als sie bei einem Ligaspiel zwischen Sheffield United und Leicester im April 1975 unbeabsichtigt aufeinanderkrachten. Statt sich nun zu prügeln, blickten sie einander in die Augen und küssten sich.[129]

Beide blieben bei ihren Clubs: Currie ist Direktor der Stiftung Football in the Community von Sheffield United, während Birchenall für die Wirtschaftsabteilung von Leicester City arbeitet und der Stadionsprecher des Clubs ist.

Als die Fußballzeitschrift *Four Four Two* Birchenall bat, den schlimmsten Moment in seiner Fußballkarriere zu nennen, sagte er: »Als ich Tony Currie küsste … Jedes Jahr müssen wir den Kuss wiederholen, und Tony wird jedes Jahr hässlicher.«[130]

---

129 http://www.guardian.co.uk/football/2009/may/22/seven-deadly-sins-football-lust-football-first-kiss

130 http://www.thesun.co.uk/sol/homepage/sport/football/176512/We-were-gayicons.html1#ixzz0UYTgs.JLw

Kussübung

Der Fußballcoach von Bosnien-Herzegowina, Miroslav Ciro Blase-vic, weist seine Spieler an, sich gegenseitig auf den Mund zu küssen. Diese Übung (wenn auch unorthodox) soll die Moral verbessern und die Mannschaft zusammenschweißen. Der Coach schrieb in seiner Kolumne auf der kroatischen Nachrichten-Website net.hr: »Ich sage ihnen, sie sollen sich direkt auf den Mund küssen.«[131]

Honduranische homophobische Küsse

Dienstag, 15. September 2009: Der honduranische Fußball hatte sei-nen Skandal, nachdem ein Foto von zwei Fußballern veröffentlicht wurde – Orlin Peralta und Brayan Beckeles –, die sich dem Anschein nach während des Spiels zwischen Vida und Deportes Savio küssten. Da in Honduras die Homophobie weit verbreitet ist und der Ruf der beiden Sportler auf dem Spiel stand, war das Paar gezwungen zu behaupten, dass es sich in Wirklichkeit auf die Wange geküsst habe, aber der Winkel, aus dem das Foto geschossen worden war, das Bild verzerrt hätte.[132]

---

131 http://www.telegraph.co.uk/news/newstopics/howaboutthat/6346472/Bosnia-Herzegovina-football-coach-oders-players-to-kiss-each-other-on-the-lips.html
132 http://www.101greatgoals.com/picture-special-the-gay-kiss-rocking-honduran-football-orlin-peralta-brayan-beckeles/36231/

Die Kussdiebin

:-*

Während der 70er und 80er Jahre des 20. Jahrhunderts wurden die Spiele der amerikanischen Major League Baseball regelmäßig von Morganna, der »Kussdiebin«, unterbrochen, die auf das Spielfeld rannte und die Sportstars küsste. Sie war berühmt für ihren Riesenbusen und sprach häufig davon, dass Dolly Parton im Vergleich zu ihr »flachbrüstig« sei. Ihre Angriffsmethode bestand darin, sich einen Platz in der ersten Reihe zu verschaffen und sich mit einer großen, weiten Jacke zu tarnen. Wenn sie ihr Opfer ausgemacht hatte, warf sie die Jacke von sich und flitzte in T-Shirt und Shorts auf das Spielfeld, um dem Spieler einen harmlosen Kuss auf den Mund zu drücken. Jedes Mal wurde sie wegen ungebührlichen Benehmens festgenommen. Ihr Verteidiger erklärte ihr Verhalten einmal durch die »Erdanziehungskraft« und behauptete, dass ihre enorme Oberweite dazu führe, dass sie über das Geländer auf das Spielfeld falle.

Ein argentinisches Bussi

:-x

Argentinische Fußballfans küssen sich normalerweise auf die Wangen, aber nicht auf den Mund.

»… Die Sache ist einfach: Bei jedem Tor, das Cani (Claudio Caniggia) durch eine Vorlage von mir erzielt, küsse ich ihn direkt auf den Mund.«

Maradona, von Maradona mit Daniel Arcucci

Genau das tat Maradona im Juli 1996, als Boca dank dreier Tore von Caniggia River 4:1 schlug. Maradonas Strafstoß traf einen Torpfosten, und Caniggia schoss den abprallenden Ball ins Tor, was das Duo mit dem berühmten Kuss auf den Mund feierte. Dieser Moment wurde mit der Kamera festgehalten und ging um die Welt. In Argentinien wurde er bekannt als der *piquet* oder der Schnabel, eine Anspielung auf Caniggias Kosenamen »der Vogel«.[133]

Küsse überall

:-X

Bei den US Open 2009 im New Yorker Arthur Ashe Stadium wurde Rafael Nadal völlig überrumpelt, als nach seinem Sieg über Gael Monfils ein Fan auf das Spielfeld lief und ihn küsste, bevor die Security eingreifen konnte. Rafael Nadal ging ganz locker damit um: »Für mich war es kein Problem. Der Typ war wirklich nett. Er sagte ›Ich liebe dich‹, und dann küsste er mich.«[134]

---

133 Jeffrey Tobin, *A question of balls – the sexual politics of Argentine Soccer in Decomposition: post-disciplinary performance,* von Sue-Ellen Case, Philip Brett, Susan Leigh Foster, Indiana University Press 2000, S. 121f.

134 http://www.huffingtonpost.com/2009/09/09/nadal-kiss-video-man-arre_n_280252.html

KUSSSPIELE

Flaschendrehen

:*~

Ein Lieblingsspiel in der Pubertät. Man braucht lediglich eine leere Flasche (sie wird gewöhnlich aus der Hausbar der Eltern stibitzt) und ein paar Freunde, die im Kreis herumsitzen. Der ausgewählte Flaschendreher versetzt die Flasche in eine schnelle Drehung und muss diejenige, auf die sie zeigt, auf die Lippen küssen. Dann dreht die Geküsste die Flasche herum und so weiter. Varianten können Bußen, Mutproben und speziellere Kussarten oder -stellen sein. Dieses Spiel, ein Meilenstein im Leben vieler Jugendlicher, kann manchmal schmerzhaft demütigend sein oder auch wunderbar in Hochstimmung versetzen.

Kuss-Jagd — fang mich doch

:-*

Es handelt sich hier um ein jahrhundertealtes Spiel. Die Grundvoraussetzung ist, dass derjenige, der bestimmt wird, seine Beute jagt und mit einem Kuss fängt. Doch die Erwünschtheit des Verfolgers kann mehrere Effekte haben, je nachdem, ob man sich über das Ergebnis freut, und dann das Tempo entsprechend drosselt oder korrigiert …
Bei dem Spiel können auch alle Mitspieler desselben Geschlechts sein, die das andere Geschlecht *en masse* verfolgen, bis alle die Lippen gespitzt haben. Gewöhnlich gibt es kein »Zuhause« oder einen »si-

cheren Platz«. Doch zu Beginn der 1980er Jahre wurde eine Variation des Spiels im Südwesten Londons bekannt. Es hieß »Lorraine Kiss Chase«, nach der Schauspielerin Lorraine Chase. Dabei waren die Verfolgten aus dem Schneider, wenn sie die Worte »Luton airport« riefen, was sich auf die erfolgreiche Campari-Fernsehkampagne von 1977 bezog, in der La Chase auftrat. Als sie gefragt wurde, ob eine solche Schönheit wie sie geradewegs vom Paradies hereingeweht worden sei, blickte sie zuerst verwirrt und antwortete dann mit einem rauhen East-End-Akzent: »Nah, Luton airport.«

Taschentuch fallen lassen

:-x

Der Brauch des »Ringküssens«, um den erwählten Ehepartner zu kennzeichnen, hat sich im Lauf der Jahrhunderte in verschiedene Gesten verwandelt – einen Handschuh als Herausforderung fallen zu lassen oder zu übermitteln hat sich wohl in das Fallenlassen eines Taschentuchs als Heiratsantrag verwandelt[135], woraus dann das Flirtspiel »Taschentuch fallen lassen« entstand. Bei der traditionellen Art, das Spiel zu spielen, bildet eine Gruppe von Freunden einen Kreis. Ein Mädchen geht von außen um den Kreis herum und lässt sein Taschentuch hinter einem der jungen Männer fallen. Dabei sagt es: »Du nicht, du nicht, du nicht«, bis es bei seinem Favoriten angelangt ist. Dann sagt es: »Aber du!«[136] Das kann jedoch ein höchst gefährliches Spiel sein – schließlich hat auch Desdemona ihr Taschentuch fallen lassen und es mit dem Leben bezahlt.

---

135 http://www.traditionalmusic.co.uk/traditional-games-1/traditional-games-1%20-%200408.htm
136 *Folk-lore Journal*, vii, 212; Penzance (Mrs. Mabbott).

Postamt

:-X

»Sie zu küssen war, laut Dill, als spiele man Postamt mit einem toten,
verwesenden Wal: Sie benötigte dringend einen Zahnarzt.«

Truman Capote, *Erhörte Gebete*

»Postamt« ist ein Kussspiel, das amerikanische Teenager auf Partys spielen. Die Spielgruppe wird in Jungen und Mädchen geteilt. Eine Gruppe geht in einen anderen Raum, genannt »das Postamt«. Jede Person der verbleibenden Gruppe besucht abwechselnd das »Postamt«, wo sie von jeder Person im Raum geküsst wird. Dann werden die Gruppen gewechselt, damit sichergestellt ist, dass jeder geküsst wird.

In dem Film *Hold That Ghost* (Vorsicht Gespenster) (1941) von Abbott und Costello sagt Herie (Lou Castello) zu seiner Geliebten: »Ich spiele Spiele, ich spiele Postamt.« Als sie erwidert: »Postamt? Das ist doch ein Spiel für Kinder«, erwidert Herbie: »Nicht wie ich es spiele.«

Postman's Knock

:*~

Bei diesem Spiel spielen Kinder oder Teenies abwechselnd den »Postboten« (dessen Rolle besteht darin, hinauszugehen und an die Tür zu klopfen) und den Türöffner, der mit einem Kuss für den Brief bezahlt.

Sieben Minuten im Himmel

:-*

Ein weiteres Teenagerspiel. Zwei Personen werden ausgewählt, entweder nach dem Zufallsprinzip oder von »Gott« (der zu Beginn des Spiels ernannt wird), sich sieben Minuten lang in ein kleines Zimmer oder in eine dunkle Ecke zurückzuziehen. Gewöhnlich küssen sie sich, können aber auch noch weitergehen …

KUSSTRADITIONEN

Der Blarney-Stein

:-X

Auf den verwitterten Zinnen von Blarney Castle
Liegt ein Stein (nur schwer zu erreichen)
Der, wie es heißt,
das Talent zum Lügen und Sprachgewandtheit verleiht;
Und daher sagen die Bauern über den, der so spricht,
Er habe den Blarney-Stein geküsst.[137]

Es heißt, wenn man den Blarney-Stein küsst, wird man mit der mühelosen überzeugenden Sprachgewandtheit eines echten Cork-Bewohners ausgestattet. Der Blarney-Stone, der oben an der Brüstungsmauer von Blarney Castle in Cork, Irland, eingelassen ist, besteht aus einem Block Kupfervitriol. Er soll 1131 Cormac McCarthy, dem Herrn von Blarney, von Robert the Bruce als Geschenk überreicht worden sein. Der Begriff »blarney« ist gleichbedeutend mit »hohler Schmeichelei« und geht zurück auf ein vernichtendes Urteil Königin Elizabeths I. über einen späteren Burgherrn von Blarney Castle.

Das Ritual, den Stein zu küssen, hat seine Tücken. Man muss sich oben auf den Zinnen kopfüber über die Brüstung beugen, um den Stein zu berühren. Da pro Jahr 400 000 Besucher den Stein küssen und ihre Bazillen hinterlassen, hat Tripadvisor.com erst vor kurzem

---

137   C.C. Bombaugh, *The Literature of Kissing*, Philadelphia 1876, S. 69.

den Blarney-Stein als die unhygienischste Touristenattraktion der Welt eingestuft.[138]

Küss mich auf der Kussbank

1912 erklärten die höheren Semester der Syracuse University eine Steinbank zum Denkmal der Universität. Die Romanze der Kuss-bank gibt es bereits seit fast einem Jahrhundert und hat mehrere Traditionen inspiriert. In den 1950ern hieß es, wenn ein Mädchen auf der Bank geküsst wurde, lief es nicht Gefahr, eine alte Jungfer zu werden. Doch in den 1970ern sagte man, dass ein Mädchen auf der Bank geküsst werden musste, um ihr Examen zu bestehen und zu heiraten. Die heutige Tradition besagt: Wenn sich ein Mann und eine Frau auf der Kussbank küssen, werden sie schließlich hei-raten.[139]

Küsse unterm Mistelzweig

Das in der Weihnachtszeit übliche Küssen unterm Mistelzweig ist ein bekannter und beliebter Brauch. Ein Mistelzweig wird aufge-hängt, und jeder, der darunter vorbeigeht, ob zufällig oder absicht-lich, wird zur Strafe, auf der Stelle hier von jedem geküsst, der dieses Privileg nutzen will.

138 http://www.telegraph.co.uk/news/newstopics/howaboutthat/5553820/Blarney-Stone-named-worlds-most-unhygienic-attraction

139 http://sumagazine.syt.edu/summer03/alumnijournal/index.html

Man nimmt an, dass es sich um einen Brauch handelt, der aus der Zeit der Druiden übernommen wurde und dessen Ursprung in dem altnordischen Mythos von Balder zu finden ist, einem Gott, der mit Schönheit und Licht assoziiert wird und der durch einen Mistelzweig- pfeil, den sein blinder Bruder abgeschossen hatte, getötet wurde. Doch nicht der Bruder, sondern Loki, der Gott des Unheils, der den Pfeil dargereicht hatte, wurde zur Verantwortung gezogen. Die Waffe wurde zur Aufbewahrung Balders Mutter übergeben, die ver- fügte, dass der Mistelzweigpfeil nie mehr Unheil anrichten sollte, es sei denn, er berührte den Boden − deshalb hängen wir die Mistel- zweige an die Decke.

Historisch gesehen, soll der Mistelzweig die Fruchtbarkeit för- dern, und seine Blätter haben angeblich aphrodisische Eigenschaf- ten. So war der Mistelzweig einst ein Teil der Hochzeitsfeier und wurde unter das Bett der Neuvermählten gelegt, was Glück bringen sollte. Nach englischer Tradition wurde mit jedem Kuss eine Beere vom Zweig gepflückt, und wenn alle Beeren gepflückt waren, konn- ten keine weiteren Küsse gewährt werden.

Der Kusspfosten

:-x

Die erste Anlaufstelle im Land der Freiheit war Ellis Island, wo sich Millionen von Einwanderern in der Großen Halle des Anmelde- büros registrieren ließen. Jene, die nach Manhattan wollten, kamen dann am Kuss-Pfosten vorbei, einem berühmten Holzpfahl, wo sie von ihren Verwandten und Freunden erwartet wurden. Da er als Stätte der bewegenden Wiedervereinigungen galt, erhielt er bald den Namen »Kuss-Pfosten«.

Neujahrsküsse — auf ein Neues

:-X

Wenn um Mitternacht die Glocken läuten, ist es in den Ländern des Westens Brauch, sich zu umarmen und zu küssen, um das neue Jahr willkommen zu heißen, um einander zu versichern, dass diese Zuneigung und Bande auch im kommenden Jahr bestehen bleiben. Versäumt man es zu küssen, wird es ein Jahr der Kälte, sagt man.

Valentinsküsse

:*~

Hallmark verkaufte seine erste Valentinskarte im Jahr 1913. Heutzutage begehen ungefähr 74 Millionen Romantiker diesen Tag, und 65 Prozent von ihnen verschenken Valentinskarten. Diese Tradition kann bis ins 3. Jahrhundert zurückverfolgt werden, als 270 v. Chr. Kaiser Claudius II. in Rom anordnete, dass der heilige Valentin ins Gefängnis geworfen werde, weil er sich weigerte, seinem christlichen Glauben abzuschwören. Laut der Legende befreundete sich der Heilige Valentin mit der blinden Tochter seines Gefängniswärters, stellte ihr Sehvermögen wieder her und schrieb eine Abschiedsbotschaft mit der Unterschrift »Von deinem Valentin«.

Die romantische Assoziation entstand, als am 14. Februar eine Feier in Rom mit seinem Märtyrertod verbunden wurde. Traditionsgemäß wurde der römische Gott Lupercus am 15. Februar gefeiert. An diesem Tag schrieben junge Frauen Liebesbriefe und legten sie in eine große Urne. Später wurden die Liebesbriefe von jungen Männern herausgefischt. Dies wurde im Mittelalter fortgesetzt, als beide Geschlechter Namen aus einer Schale zogen, um zu erfahren, wer ihr

Valentinschatz sein würde. Sie trugen dessen Namen eine Woche lang auf ihren Ärmeln. Heutzutage bedeutet die Redewendung »sein Herz auf der Zunge tragen« alles auszusprechen, was einen bewegt.

Tag des Kusses

:-*

Als ob der Valentinstag nicht genug Anlass zum Küssen bot, führte man auch noch den Internationalen Tag des Kusses am 6. Juli ein. Dieses relativ neue Ereignis wurde von der Gesundheitsversicherungsgesellschaft Denplan initiiert und war ursprünglich dazu gedacht, einen gesunden Gaumen und gesunde Zähne zu fördern.

KÜSSE ALS WERTSCHÄTZUNG

Einige wertvolle Küsse

:-x

Zu der 1899 veranstalteten Auktion, mit der Gelder für die Witwen und Waisen der im Transvaal getöteten Soldaten gesammelt wurden, gehörte auch ein Kuss, der von Miss Mabel Love (ein sinniger Name) gespendet und für 5 Pfund verkauft wurde.

Es wurde auch von einem Wohltätigkeitsbasar in Cincinnati (1900) berichtet, bei dem ein Mann, der 7,5 Dollar für einen Kuss bezahlte, herausfand, dass er seine eigene Frau geküsst hatte, und »erklärte, dass er reingelegt worden sei, über mehrere Tische gezogen worden sei, und von zwei Polizisten überwältigt werden musste«.

Der damalige Rekord für einen versteigerten Kuss betrug 800 Pfund – die ein älterer Herr für den Kuss einer amerikanischen Schauspielerin bezahlte. Die überraschende Wendung dabei war, dass der Kuss ein Geburtstagsgeschenk für seinen siebenjährigen Enkel war.[140]

Küsse der Nächstenliebe

:-X

Im Mai 2008 sammelte Bollywood-Schauspielerin Shilpa Shetty bei einer Wohltätigkeitsveranstaltung Geld, indem sie für den Silver Star Charity Appeal eine Reihe von Küssen zu 12 500 Pfund pro Kuss

---

140 *Star Issue* 7032, 23. Februar 1901.

an ihre Fans versteigerte. Berühmt für den Aufruhr bei Hindu-Organisationen, die Bilder von ihr verbrannten, als 2007 Hollywoodstar Richard Gere sie während eines Aids-Bewusstseinsprogramms in Neu-Delhi auf der Bühne küsste, erklärte sie, dass der Kuss dieses Mal auf die Wange erfolgen würde.

Im Mai 2006 bezahlte Philip Green bei einer Wohltätigkeitsveranstaltung 60 000 Pfund für einen Kuss von Kate Moss. Statt ihn selbst zu bekommen, wurde er Jemima Khan gegeben und dauerte über 60 Sekunden.

Im Oktober 2009 nahm die Hollywoodschauspielerin Charlize Theron an einer Live-Auktion für die Wohltätigkeit OneXOne in San Francisco teil, und es gelang ihr, für einen Kuss $ 140 000 zu ergattern. Die Bieterin, eine Dame, kletterte auf die Bühne und küsste Theron 20 Sekunden lang.

Der Preis eines Kusses

:*~

Der Wert eines Kusses, der Kauf- und Verkaufspreis ist eine Sache, aber der Wert *geraubter* Küsse eine andere … Die Frage der angemessenen Wiedergutmachung im Fall einer jungen Frau, die 1876 unfreiwillig geküsst wurde, wirbelte viel Diskussion auf. *The New York Times* schrieb sarkastisch, dass in Illinois »die Geschäftswelt und die Gesellschaft verrückt sein müssen, dass sie sich von dem Druck zweier Lippenpaare so aufwühlen lassen«. Der Anwalt der Klägerin sprach hochtrabend von der »hochroten Trophäe, die von ihren Lippen geraubt wurde«. Darauf konterte der Verteidiger, dass der Angeklagte »sie zu küssen pflegte (was bei Gericht für Aufsehen sorgte) und auch bei besagter Gelegenheit nichts Böses im Schilde führte. Er hatte gehofft, er könne beweisen – und hätte es auch getan, wenn nicht eine wichtige Zeugin gefehlt hätte – dass zwischen ihnen ein Heiratsversprechen bestand. Das einzige, was man seinem Mandanten vorwerfen könne, sei die unüberlegte Wahl des Platzes für seinen gewohnten Kuss.« Der Richter verordnete, dass der Angeklagte $ 10 zahlen müsse und die Gerichtskosten, was er dann auch tat, wenn auch unter Protest.

The New York Times kam zu folgendem Schluss: »Wenn ein finanzieller Wert für einen Kuss angesetzt wird, wie im vorliegenden Fall, beläuft sich dieser auf fünf bis zehn Dollar. Doch ungewollte Küsse sollten sehr selten vorkommen, und jene Küsse, die freiwillig gegeben werden, sind vermutlich unschätzbar. Sie können als Luxus angesehen werden, nicht immer verboten, aber im Allgemeinen so teuer und gefährlich obendrein, dass kluge Menschen gut daran tun, sich mit wenigen zu begnügen, die zudem wohlüberlegt sein sollten. Vielleicht gibt es Männer, die überrascht sind, dass den Bürger aus Illinois der Kuss auf der Straße nur $ 10 kostet. Vielleicht fällt ihnen dazu ein, dass sie einst eine Frau in der Kirche geküsst haben und seitdem für dieses süße Privileg pro Jahr Tausende von Dollar bezahlt haben.«[141]

Die Kosten eines Kusses

:-*

Von jeher wird es als Tabu angesehen, doch der Poppy-Project-Bericht von 2008 listet auf, dass über ein Fünftel der Bordelle das Küssen mit anboten, allerdings nicht gratis. Der Preis für die Küsse belief

---

141 *The Price of Kisses*, New York Times, 16. Juni 1876.

sich auf 10 bis 600 Pfund; 52 Prozent der Bordelle boten das Küssen für nur 10 Pfund an, 11 Prozent berechneten über 100 Pfund. Es ergab sich ein Durchschnittspreis von 42,43 Pfund.

KUSSSTATISTIK

Im Juni 2004 führte das Online-Magazin getlippy.com eine Umfrage übers Küssen durch. Die Zielgruppe waren Frauen zwischen 18 und 25. Es ergab sich folgende Statistik[142]:

95 % der jungen Frauen wünschten sich mehr Küsse. 29 % behaupteten, nicht täglich zu küssen. 24 % hatten über ein Jahr ohne die Spur eines Kusses leben müssen. Der durchschnittliche Zeitraum ohne Küssen betrug bei fast 30 % der Frauen drei oder sechs Monate. 37 % der Frauen enthüllten, dass sie in ihrer Jugend das Küssen auf ihren Händen ausprobiert hatten, und 11 % räumten ein, dass sie es vor dem Spiegel übten. 25 % der Frauen gaben zu, dass sie immer noch lernten!

Scrabble-Küsse

:-x

Nummerischer Wert: K= 3 + U = 1 + S = 1 + S = 1 = KUSS = 6.

---

142 London, 5. Juli, PRNewswire.

Kussschwärme unter den VIPs

Johnny Depps Lippen sind am küssenswertesten (28 %), dicht gefolgt von Brad Pitt (27 %) – beide übertreffen bei weitem David Beckham, der lediglich 12 % erreichte. Der alternde Rockstar Mick »Rubber Lips« Jagger besetzte mit nur 1 % den letzten Platz. Angelina Jolies perfekter Schmollmund nahm bei der Frage, welche Lippen sich die Frauen am meisten wünschten, den ersten Platz ein (35 %), während Leslie Ashs inzwischen berühmt-berüchtigte Lippen am Ende der Skala landeten (1 %). Als die Rede von dem Leinwandkuss war, der am plastischsten wirkte, sprachen sich die Leser für ein modernes Märchen, einen Klassiker, aus und wählten Julia Roberts und Richard Gere in *Pretty Woman* (33 %).

Küsse, die den Weltrekord brachen

LÄNGER ANHALTENDE KÜSSE Am 11. Juli 2005 überboten James Belshaw (26) und Sophia Severin (23) in London den Weltrekord für den längsten Kuss um eine halbe Stunde. Dem Paar, dem es verboten war, sich zu setzen oder einzuschlafen, konnte sich nur durch einen Strohhalm ernähren und durfte, auch wenn es zur Toilette musste, die Lippen nicht voneinander lösen.

- 31:30:30 Stunden James Belshaw und Sophia Severin (London), 2005
- 31:18:33 Stunden Andrea Sarti und Anna Chen (Italien), 2004 (unbestätigt)

30:59 Stunden Richard Langley und Louisa Almedovar (USA), 2001

30:45 Stunden Dror Orpaz und Carmit Tsubara (Israel), 1999

29:00 Stunden Mark und Roberta Griswold (USA), 1998

LÄNGER ANHALTENDE KÜSSE – VARIATIONEN ÜBER EIN THEMA Am Valentinstag 2009 nahmen vierzigtausend Menschen an der größten Gruppenkuss-Veranstaltung in Mexico City teil.

Alfred Wolfram aus New Brighton küsste bei dem Minnesota Renaissance Festival (1990) 8001 Menschen in acht Stunden.

Der Rekord für den längsten Unterwasserkuss liegt bei zwei Minuten und 18 Sekunden und wurde in Tokio, Japan, aufgestellt.

DIE REGELN DES WETTBEWERBKÜSSENS

1. Der Kuss muss kontinuierlich sein, und die Lippen müssen sich die ganze Zeit berühren.
2. Sobald sich die Lippen voneinander lösen, ist das Paar disqualifiziert.
3. Die Teilnehmer müssen in dem Land, in dem das Ereignis stattfindet, mündig sein.
4. Das Paar muss die ganze Zeit wach bleiben.
5. Die Teilnehmer müssen während des Küssens stehen und dürfen nicht durch irgendwelche Hilfsmittel, wie z. B. Kissen oder andere Menschen, abgestützt werden.
6. Es sind keine Pausen erlaubt.
7. Die Paare dürfen während ihres Versuchs den Veranstaltungsort nicht verlassen.

8. Und das Romantischste von allem: Inkontinenz-Einlagen oder Erwachsenenwindeln sind nicht erlaubt.[143]

Und schließlich können Sie sich, wenn Ihr Appetit auf Küsse unersättlich ist, folgendes Rezept ausprobieren:

Das perfekte Kussrezept

:-*

Zutaten
Bereitwillige Lippen
Ehrliche Absichten (aus vollem Herzen)
Das Wissen um süße Nichtigkeiten
Das Flüstern mit verhaltenem Atem
Ein Feuerwerk von Seufzern

Methode
Der Erfolg dieses Rezepts beruht auf der peinlich genauen Zusammenstellung der Zutaten; das zweitbeste ist nicht gut genug. Wenn alle Elemente zusammengetragen wurden, folgt der einfachste Vorgang – das bloße Zusammentreffen der Lippen, das köstliche Gefühl, wenn Ihre Lippen in einem Augenblick höchster Glückseligkeit auf die des anderen treffen. Ein vollkommener Kuss sollte alle Sinne reizen; sein berauschender Duft die Zunge erfreuen, die Lippen kitzeln, den Körper zum Klingen bringen und ein Gefühl der Ekstase schaffen.

---

143 http://www.recordholders.org/en/records/kiss.html

DANKSAGUNG

Unschätzbare Küsse für Gaia Banks für ihren untrüglichen Blick, redaktionelle Beiträge und ihren unbeirrbaren Glauben an diese Idee, auch »To the day *Jonny Comes Home*«-Küsse für Lucy Fawcett für ihre stete und hochgeschätzte Unterstützung. Einen Schönen Kuss für all die Schönen Bücher, insbesondere für Simon Petherick, dessen unerschöpfliche Energie und dessen Drive dieses Projekt Wirklichkeit werden ließen.

Herzlichen Dank und dankbare Küsse für: Rachel Khoo, Robert & Babette Pereno, Lord Alexis George Hill, Sopie Parkin-Vink, Alison Penton-Harper, Danielle Cornelius, Matea Vlaskalic, Maggie Britvec und Jeremy Nicholas für ihre Vorschläge, Beiträge und Unterstützung.

Grüße und Küsse an meine Familie, vor allem an meinen Sohn Mischa, seinen Vater Michael Seresin, meine Eltern Anne & Laurence Citron. Küsse auch an: Tracey, Mo, Len, Tara, Cosmo und Connie. Alle, die Plinth Kisses (du hast mich mit Liebe aufgezogen) unterstützten, und für alle, die von www.oneoffkisses.com verführt wurden.

Und wer noch immer nicht genug vom Küssen hat,
der darf sich auf die Küsse in der Kunst freuen:

Küsse

: * ~

Herausgegeben von Daniela Roth
192 Seiten mit zahlreichen Abbildungen
Gebunden, Fadenheftung
ISBN 978-3-8363-0274-6

Der Kuss ist sinnlicher Ausdruck tiefer Zuneigung. In diesem Buch
zeigt er sich in vielen Facetten, im Bildausschnitt und im Gesamtkunstwerk. Maler aller Epochen haben den Küssenden zugesehen
und sie auf ihre Weise verewigt: schüchtern verstohlen, leidenschaftlich oder gefährlich. Für alle, die verliebt sind in die Liebe.

Für alle,
die auf die Botschafter der Liebe setzen:

Engel

Herausgegeben von Daniela Roth
192 Seiten mit zahlreichen Abbildungen.
Gebunden, Fadenheftung
ISBN 978-3-8363-0249-4

Dieser Band überrascht mit einer Fülle von bewegenden und außer-
gewöhnlichen Engeldarstellungen aus allen Epochen der Malerei.
Ob Bote der Liebe, himmlischer Begleiter oder Schutzengel – Seite
für Seite himmlisches Glück: im Detail und im Gesamtkunstwerk.

Hier findet Inspiration, wer seine Liebe
mit einem besonderen Schmuckstück besiegeln möchte:

Schmuck

:-x

Herausgegeben von Daniela Roth
192 Seiten mit zahlreichen Abbildungen.
Gebunden, Fadenheftung
ISBN 978-3-8363-0250-0

Außergewöhnliche und besonders wertvolle Schmuckstücke gibt es
in der Malerei zu entdecken, und nicht selten steckt eine faszinierende Geschichte dahinter. Ein Bilderschatz, der – in Detail- und
Gesamtansicht – überrascht und viele Raritäten bereithält.

Mehr Bücher für alle, die vom schönsten Gefühl der Welt
nicht genug bekommen können:

Mein Buch der Liebe

:-X

Yvonne Niewerth
240 Seiten
Geprägter Leinenband mit 2 Lesebändchen
ISBN 978-3-8363-0272-2

Was macht eine Beziehung eigentlich aus? Woran will ich mich erinnern, wovon träume ich? Dieses erfrischend andere Eintragebuch
hilft beim Erinnern und Bewahren der Liebe, beim Aufspüren von
geheimen und gemeinsamen Wünschen. Ein Wegbegleiter für Liebende.

Mein Glück bist du

: * ~

Heinz Janisch
32 durchgehend bebilderte Seiten
Gebunden, Fadenheftung
ISBN 978-3-8363-0255-5

Wer kennt das nicht: Ist man am Meer, vermisst man die Berge. Das
Gras auf der anderen Seite des Flusses ist immer grüner. Und doch
gibt es einen Ort, an dem alle Sehnsucht gestillt ist – an der Seite eines ganz besonderen Menschen.

Rosalie liebt Trüffel –
Trüffel liebt Rosalie
Vom Glück zu zweit

:-*

Katja Reider und Jutta Bücker
64 durchgehend bebilderte Seiten
Gebunden, Fadenheftung
ISBN 978-3-8363-0014-8

Eben noch waren sie frischverliebt – jetzt sind die beiden Rüssel-
küsser im Alltag angekommen: Wenn Trüffel träumt, zankt Rosalie,
wenn Rosalie träumt, schnarcht Trüffel. Schweine sind eben auch
nur Menschen … Von den Alltagsproblemchen und wie man sie
überwindet erzählen Katja Reider und Jutta Bücker gewohnt witzig
und mit liebevoll entlarvendem Blick. Ein Mutmach-Buch für das
Leben zu zweit!

Tipps für alle,
die (nicht nur) in der Liebe alles richtig machen wollen:

Richtig & falsch

:-x

Anna Blombach
128 Seiten
Gebunden, geprägter Pappband
ISBN 978-3-8363-0240-1

Was ist richtig, was ist falsch? Für die Antwort braucht es zwei Wör-
ter und viele umwerfend komische Zeichnungen. Schräge Bildpaare
zu unterschiedlichen Themen spielen mit den Erwartungen des Betrachters und vermitteln eine so einfache wie tiefe Philosophie: Es
kommt ganz und gar auf den Blickwinkel an.